Prof. Jürgen Werner

Vereinsbesteuerung

Verlag des wissenschaftlichen Instituts
der Steuerberater GmbH
Berlin

Autor: **Prof. Jürgen Werner**

Titel: Vereinsbesteuerung

Herausgeber: Verlag des wissenschaftlichen Instituts der Steuerberater GmbH
Behrenstr. 42
10117 Berlin
Tel.: 030 / 28 88 56 73
Fax: 030 / 28 88 56 70
Internet: www.dws-verlag.de
E-Mail: info@dws-verlag.de

Gesamtherstellung: DCM • Druck Center Meckenheim GmbH & Co. KG,
www.druckcenter.de

ISBN: 978-3-933911-70-4

8. aktualisierte und erweiterte Auflage 2015

Vorwort zur 8. Auflage

Am 29.3.2013 trat das Gesetz zur Stärkung des Ehrenamtes in Kraft (BGBl. I S. 556). Während zwischen 1990 und 2007 mit Ausnahme der Verbesserung der Abzugsfähigkeit von Spenden im Jahre 2000 recht wenige Verbesserungen für die steuerbegünstigten Körperschaften eingeführt wurden, ist sicherlich etwas überraschend fünfeinhalb Jahre nach Verabschiedung des Gesetzes zur weiteren Stärkung des bürgerschaftlichen Engagements das Ehrenamt und die Arbeit der Vereine weiter gestärkt worden. Die ursprüngliche Bezeichnung „Gesetz zur Entbürokratisierung des Gemeinnützigkeitsrechts" wurde im Gesetzgebungsverfahren in „Gesetz zur Stärkung des Ehrenamtes" geändert. Ziel des Gesetzes ist nach der Gesetzesbegründung „das bürgerschaftliche Engagement durch Entbürokratisierung und Flexibilisierung der rechtlichen Rahmenbedingungen im Bereich des Gemeinnützigkeitsrechts weiter zu erhöhen."

Im Anwendungserlass zur Abgabenordnung vom 31.1.2014 (BStBl. I S. 290) hat das BMF ausführlich Stellung zur Neuregelung bezogen.Ende 2014 sind noch zwei weitere beachtenswerte BMF-Schreiben ergangen.

Im BMF-Schreiben vom 21.11.2014 (BStBl I S. 1581) hat die Finanzverwaltung die bisherigen Regelungen zu § 3 Nr. 26 und 26a EStG zusammengefasst und aktualisiert. Kurz danach wurde das BMF-Schreiben vom 25.11.2014 (BStBl I S. 1584) veröffentlich, in dem die Grundsätze der Aufwandsspende noch einmal dargelegt, aber auch wesentlich verschärft wurden. So muss der Verzicht auf den Aufwandsersatz nun mindestens vierteljährlich erklärt werden. Diese Regelung führt zu erheblich mehr Bürokratie bei den Vereinen und war m. E. rechtlich nicht zwingend notwendig.

Das Mindestlohngesetz (BGBl 2014 I S.1348), das zum 1.1.2015 in Kraft geteten ist, bringt für Vereine nicht nur einen erhöhten Verwaltungsaufwand, sondern auch viele Streitfragen mit sich, die trotz eines Spitzengesprächs bei der zuständigen Ministerin noch nicht alle geklärt sind.

Inhaltsverzeichnis

Abkürzungsverzeichnis

A	Abschnitt
Abs.	Absatz
AEAO	Anwendungserlass zur Abgabenordnung
a. F.	alte Fassung
AfA	Absetzung für Abnutzung
AG	Aktiengesellschaft
AO	Abgabenordnung
AO-StB	AO-Steuerberater
Art.	Artikel
BFH	Bundesfinanzhof
BGB	Bürgerliches Gesetzbuch
BGBl.	Bundesgesetzblatt
BMF	Bundesministerium der Finanzen
BSG	Bundessozialgericht
BStBl.	Bundessteuerblatt
bzw.	beziehungsweise
d. h.	das heißt
DB	Der Betrieb
dgl.	dergleichen
DStR	Deutsches Steuerrecht
EStG	Einkommensteuergesetz
etc.	et cetera
e. V.	eingetragener Verein
evtl.	eventuell
EuGH	Europäischer Gerichtshof
FA	Finanzamt
ff.	folgende [Seiten]
GbR	Gesellschaft bürgerlichen Rechts
GdbR	Gesellschaft des bürgerlichen Rechts
GewSt	Gewerbesteuer
GewStG	Gewerbesteuergesetz
GewStR	Gewerbesteuerrichtlinien
ggf.	gegebenenfalls
GmbH	Gesellschaft mit beschränkter Haftung
i. d. R.	in der Regel
i. H. v.	in Höhe von
i. R. d.	im Rahmen des
i. S. d.	im Sinne des
i. V.	in Verbindung

KG	Kommanditgesellschaft
KSt	Körperschaftsteuer
KStG	Körperschaftsteuergesetz
KStR	Körperschaftsteuerrichtlinien
LStR	Lohnsteuerrichtlinien
MwStSystRL	Mehrwertsteuersystemrichtlinie
Nr.	Nummer
OFD	Oberfinanzdirektion
o. g.	oben genannte
OHG	Offene Handelsgesellschaft
R	Richtlinie
S.	Seite
s.	siehe
s. u.	siehe unten
SGB	Sozialgesetzbuch
sog.	so genannt
Soli	Solidaritätszuschlag
stpfl.	steuerpflichtig
Tz.	Textziffer
v. H.	von Hundert
vgl.	vergleiche
u. a.	unter anderem
USt	Umsatzsteuer
UStAE	Umsatzsteueranwendungserlass
UStDV	Umsatzsteuerdurchführungsverordnung
UStG	Umsatzsteuergesetz
UStR	Umsatzsteuerrichtlinien
usw.	und so weiter
z. B.	zum Beispiel

1 Einleitung

Vereine unterliegen wie andere Körperschaften mit ihren Einkünften und Umsätzen grundsätzlich der Körperschaft-, Gewerbe- und Umsatzsteuer. Das deutsche Steuerrecht gewährt jedoch für Vereine, die ausschließlich und unmittelbar gemeinnützige, mildtätige oder kirchliche Zwecke verfolgen, unter den Voraussetzungen der §§ 51 ff. AO zahlreiche Vergünstigungen. So sind steuerbegünstigte Vereine von der Körperschaftsteuer und Gewerbesteuer befreit, soweit sie keinen steuerpflichtigen wirtschaftlichen Geschäftsbetrieb unterhalten. Im Bereich der Umsatzsteuer gibt es zahlreiche Befreiungen und es ermäßigt sich der Umsatzsteuersatz für die im Vermögensverwaltungs- und Zweckbetriebsbereich erzielten Umsätze. Nebenberufliche Übungsleiter, Ausbilder und Erzieher, die für einen steuerbegünstigten Verein tätig sind, erhalten einen Freibetrag bei der Lohn- und Einkommensteuer i. H. v. 2.400 €, ehrenamtlich Tätige in Höhe von 720 €. Weitere Vergünstigungen bestehen bei der Grund-, Lotterie- und Schenkungs-/Erbschaftsteuer.

Bereits diese kurze Übersicht zeigt, wie bedeutsam die Anerkennung als steuerbegünstigte Körperschaft für den Verein ist. Sie kann auch für seine Finanzierung von wesentlicher Bedeutung sein, da nur Spenden an steuerbegünstigte Vereine beim Spender steuerlich abziehbar sind und öffentliche Zuschüsse in der Regel nur an Vereine gewährt werden, die den Status der Steuerbegünstigung haben.

Durch das Gesetz zur Stärkung des Ehrenamtes sind beginnend ab dem 1.1.2013 Verbesserungen für die Ehrenamtlichen und die steubegünstigten Vereine eingeführt worden.

Die nachfolgenden Ausführungen gelten aber nicht nur für Vereine. Alle Körperschaften i. S. d. § 1 Abs. 1 KStG können vom Finanzamt als steuerbegünstigt anerkannt werden, also insbesondere Stiftungen, aber auch GmbHs und AGs (vgl. § 51 Satz 2 AO).

2 Voraussetzungen der Steuerbegünstigung

2.1 Übersicht

Die Steuervergünstigungen können nur dann in Anspruch genommen werden, wenn die Körperschaft nach der Satzung steuerbegünstigte Zwecke i. S. d. Abgabenordnung verfolgt. Die Steuerbegünstigung wird vom Finanzamt durch den Freistellungsbescheid, die Anlage zum Körperschaftsteuerbescheid oder den Bescheid über die Feststellung der satzungsmäßigen Voraussetzungen gem. § 60a AO (früher: vorläufige Gemeinnützigkeitsbescheinigung) bei Neugründung festgestellt.

Für die Anerkennung der Steuerbegünstigung sind einige Anforderungen zu erfüllen, die im Nachfolgenden dargestellt werden:

- Steuerbegünstigter Zweck §§ 52, 53, 54 AO
  - Gemeinnützige Zwecke
  - Mildtätige Zwecke
  - Kirchliche Zwecke
- Förderung der Allgemeinheit § 52 AO
- Selbstlosigkeit § 55 AO
- Ausschließlichkeit § 56 AO
- Unmittelbarkeit § 57 AO
- Satzung §§ 59 – 61 AO

2.2 Gemeinnützige Zwecke

Gemäß § 52 AO verfolgt eine Körperschaft gemeinnützige Zwecke, wenn ihre Tätigkeit darauf gerichtet ist, die Allgemeinheit auf materiellem, geistigem oder sittlichem Gebiet selbstlos zu fördern.

Die gemeinnützigen Zwecke sind in § 52 Abs. 2 AO (abschließend) normiert. Der Gesetzgeber hat allerdings ein kleines Schlupfloch gelassen. Die Finanzministerien der Länder können eine Finanzbehörde bestimmen, die neue gemeinnützige Zwecke zulassen kann (§ 52 Abs. 2 Satz 2, 3 AO). Mit dieser Regelung verabschiedet sich der Gesetzgeber von einem einheitlichen Steuerrecht in Deutschland. Neue gemeinnützige Zwecke, die in einem Bundesland anerkannt werden, könnten dann möglicherweise in anderen Bundesländern nicht akzeptiert werden. Gem. AEAO zu § 52, Nr. 2.6 soll die Anerkennung solcher neuer gesellschaftlicher Zwecke bundesweit abgestimmt werden.

Trotz der abschließenden Regelung kann auch weiterhin die Rechtsprechung des BFH zu den Freizeitzwecken des § 52 Abs. 2 Nr. 4 AO a. F. angewandt werden. Der BFH hat in seinem Urteil vom 14.9.1994 (BStBl. II 1995 S. 499) entschieden, dass auch Freizeitaktivitäten, die mit denen des § 52 Abs. 2 Nr. 4 AO a. F. (jetzt § 52 Abs. 2 Nr. 23 AO) identisch sind, als gemeinnützig anzuerkennen sind. Es reicht aber nicht aus, dass die Freizeitaktivität sinnvoll und einer der Tätigkeiten in § 52 Abs. 2 Nr. 4 AO ähnlich sind. So hat der BFH den Bau und den Betrieb von Schiffs-, Auto-, Eisenbahn- und Drachenflugmodellen als identisch mit der Förderung des Modellflugs, das CB-Funken mit dem Amateurfunken als identisch angesehen. Nicht gemeinnützig sind Freizeitaktivitäten wie Brett- oder Kartenspiele (Ausnahme: Schach), Kochen, das Sammeln von Gegenständen (z. B. Briefmarken), Gotcha, Paintball, Tipp-Kick oder Reise- und Touristikaktivitäten (vgl. AEAO zu § 52, Nr. 6 und 9).

§ 52 Abs. 2 AO wurde wie folgt gefasst:

(2) Unter den Voraussetzungen des Absatzes 1 sind als Förderung der Allgemeinheit anzuerkennen:

1. die Förderung von Wissenschaft und Forschung;
2. die Förderung der Religion;
3. die Förderung des öffentlichen Gesundheitswesens und der öffentlichen Gesundheitspflege, insbesondere die Verhütung und Bekämpfung von übertragbaren Krankheiten, auch durch Krankenhäuser im Sinne des § 67 der Abgabenordnung, und von Tierseuchen;
4. die Förderung der Jugend- und der Altenhilfe;
5. die Förderung von Kunst und Kultur;
6. die Förderung des Denkmalschutzes und der Denkmalpflege;
7. die Förderung der Erziehung, Volks- und Berufsbildung einschließlich der Studentenhilfe;
8. die Förderung des Naturschutzes und der Landschaftspflege im Sinne des Bundesnaturschutzgesetzes und der Naturschutzge-

setze der Länder, des Umweltschutzes, des Küstenschutzes und des Hochwasserschutzes;

9. die Förderung des Wohlfahrtswesens, insbesondere der Zwecke der amtlich anerkannten Verbände der freien Wohlfahrtspflege (§ 23 UStDV), ihrer Unterverbände und ihrer angeschlossenen Einrichtungen und Anstalten;
10. die Förderung der Hilfe für politisch, rassisch oder religiös Verfolgte, für Flüchtlinge, Vertriebene, Aussiedler, Spätaussiedler, Kriegsopfer, Kriegshinterbliebene, Kriegsbeschädigte und Kriegsgefangene, Zivilbeschädigte und Behinderte sowie Hilfe für Opfer von Straftaten; Förderung des Andenkens an Verfolgte, Kriegs- und Katastrophenopfer; Förderung des Suchdienstes für Vermisste;
11. die Förderung der Rettung aus Lebensgefahr;
12. die Förderung des Feuer-, Arbeits-, Katastrophen- und Zivilschutzes sowie der Unfallverhütung;
13. die Förderung internationaler Gesinnung, der Toleranz auf allen Gebieten der Kultur und des Völkerverständigungsgedankens;
14. die Förderung des Tierschutzes;
15. die Förderung der Entwicklungszusammenarbeit;
16. die Förderung von Verbraucherberatung und Verbraucherschutz;
17. die Förderung der Fürsorge für Strafgefangene und ehemalige Strafgefangene;
18. die Förderung der Gleichberechtigung von Männern und Frauen;
19. die Förderung des Schutzes von Ehe und Familie;
20. die Förderung der Kriminalprävention;
21. die Förderung des Sports (Schach gilt als Sport);
22. die Förderung der Heimatpflege und Heimatkunde;
23. die Förderung der Tierzucht, der Pflanzenzucht, der Kleingärtnerei, des traditionellen Brauchtums, einschließlich des Karnevals, der Fastnacht und des Faschings, der Soldaten- und Reservistenbetreuung, des Amateurfunkens, des Modellflugs und des Hundesports;
24. die Förderung des demokratischen Staatswesens im Geltungsbereich dieses Gesetzes; hierzu gehören nicht Bestrebungen, die nur

bestimmte Einzelinteressen staatsbürgerlicher Art verfolgen oder die auf den kommunalpolitischen Bereich beschränkt sind;

25. die Förderung des bürgerschaftlichen Engagements zugunsten gemeinnütziger, mildtätiger oder kirchlicher Zwecke (Bem: Dies stellt jedoch keinen eigenständigen Zweck dar, AEAO zu § 52, Nr. 2.5).

Die Steuerbegünstigung von extremistischen Vereinigungen ist nach § 51 Abs. 3 AO ausgeschlossen (im Einzelnen s. AEAO zu § 51 Abs. 3, Nr. 8 -12).

2.3 Mildtätige Zwecke

Mildtätig i. S. d. Steuerrechts sind solche Zwecke, die selbstlos und unmittelbar darauf gerichtet sind, solche Personen zu unterstützen, die infolge ihres körperlichen oder geistigen Zustandes oder ihrer persönlichen wirtschaftlichen Lage der Hilfe bedürfen. Das Gesetz unterscheidet zwischen der persönlichen Hilfsbedürftigkeit (§ 53 Nr. 1 AO) und der wirtschaftlichen Hilfsbedürftigkeit (§ 53 Nr. 2 AO).

Mildtätige Zwecke, § 53 AO

Körperliche oder geistige Hilfsbedürftigkeit	**Seelische** Hilfsbedürftigkeit	**Persönliche** Hilfsbedürftigkeit	**Wirtschaftliche** Notlage
u. a. pflegebedürftige Personen ▪ Krankheit ▪ Behinderung	z. B. Telefonseelsorge, Frauenhaus	z. B. hohes Alter → ab 75 Jahre Anerkennung durch Finanzverwaltung ohne weitere Prüfung	Grundsatz: Einkünfte ≤ 4 x Sozialhilfe (§ 28 SGB XII)

GRUNDSATZ:	**AUSNAHMSLOS Förderung Hilfsbedürftiger**
AUSNAHME:	**Einrichtungen der Wohlfahrtspflege → $^2/_3$ genügen**

Es kommt nicht darauf an, dass die Hilfsbedürftigkeit dauernd oder für längere Zeit besteht. Lediglich im Zeitpunkt der Hilfeleistung muss auch

Hilfsbedürftigkeit vorliegen. Somit ist auch die Gestellung von Pflegekräften bei vorübergehender Krankheit, der Fahrdienst für Kranke und Behinderte und die Begleitung von hilfsbedürftigen Personen bei Einkäufen und Behördengängen als mildtätiges Wirken anzusehen.

§ 53 AO setzt nicht die Förderung der Allgemeinheit voraus, deshalb kann sich die Förderung auf einen fest abgeschlossenen und gegebenenfalls auch kleinen Personenkreis beschränken. Die Hilfsbedürftigkeit ist ausschließlich nach § 53 Nr. 1 und 2 AO zu bestimmen. Die an den begünstigten Personenkreis erbrachten Leistungen müssen nicht völlig unentgeltlich erbracht werden, sie dürfen aber nicht nur wegen des Entgelts erfolgen und das geleistete Entgelt muss unter den Selbstkosten liegen (BFH vom 24.7.1996, BStBl. II 1996 S. 583).

Mildtätigen Zwecken können z. B. dienen: Wohltätigkeitsvereine, Stiftungen, Betriebe, Anstalten und Verwaltungen, die persönlich oder wirtschaftlich hilfsbedürftige Personen betreuen oder in Katastrophenfällen helfen. Mildtätige Zwecke sind insbesondere: Mahlzeitendienste, Krankenpflege, Altenpflege, Erholung und Regeneration sowie Behindertenfürsorge.

Zu den Personen, die wegen körperlicher oder geistiger Hilfsbedürftigkeit i. S. d. § 53 Nr. 1 AO angesprochen sind, zählen unter anderem pflegebedürftige Personen. Dies sind solche Personen, die infolge von Krankheit oder Behinderung so hilflos sind, dass sie nicht ohne Hilfe und Pflege sein können.

Seelische Hilfsbedürftigkeit ist z. B. bei der Telefonseelsorge gegeben, aber auch bei Einrichtungen zur Hilfe und zum Schutz misshandelter Personen wie etwa Frauenhäuser.

Persönliche Hilfsbedürftigkeit kann z. B. begründet sein durch hohes Alter. Personen, die das 75. Lebensjahr vollendet haben, werden von der Finanzverwaltung ohne weitere Nachprüfung als persönlich hilfsbedürftig anerkannt (AEAO zu § 53, Nr. 4). Bei der persönlichen Hilfsbedürftigkeit kommt es nicht auf die wirtschaftliche Lage der betroffenen Person an (BFH vom 2.12.1955, BStBl. III 1956 S. 22), allerdings muss die Maßnahme, die der notleidenden Person Hilfe gewähren soll, auch für deren Lage geeignet sein. Geldzuwendungen können nur dann in Betracht kommen, wenn die unterstützte Person auch wirtschaftlich hilfsbedürftig ist.

Nach § 53 Nr. 2 AO können Personen unterstützt werden, die sich in einer wirtschaftlichen Notlage befinden. Personen befinden sich in einer Notlage, wenn ihre Einkünfte und Bezüge nicht das Vierfache des Regelsatzes der Sozialhilfe i. S. d. § 28 SBG XII übersteigen. Bei Alleinstehenden, Alleinerziehenden oder Haushaltsvorständen tritt an die Stelle des Vierfachen das Fünffache des Regelsatzes (s. auch AEAO zu § 53, Nr. 5). Dabei sind etwaige Zuschläge aufgrund eines Mehrbedarfs, z. B. wegen Erwerbsunfähigkeit, Schwangerschaft oder Blindheit nicht zu beachten, auch ist die Mietbeihilfe nicht zu berücksichtigen. Der Regelsatz der Sozialhilfe wurde ab 1.10.2007 erstmals einheitlich für alle Bundesländer auf der Grundlage des § 28 SGB XII festgesetzt.

Ein Überschreiten der Einkunftsgrenze ist unschädlich bei Personen, die aus besonderen Gründen in eine Notlage geraten sind (§ 53 Nr. 2 Satz 3 AO).

Wirtschaftliche Hilfsbedürftigkeit ist nach § 53 Nr. 2 Satz 2 AO dann nicht gegeben, wenn die zu unterstützenden Personen eigenes Vermögen besitzen, das zur nachhaltigen Verbesserung ihres Unterhalts ausreicht, und es zugemutet werden kann, dieses für den Lebensunterhalt zu verwenden. Gem. AEAO zu § 53, Nr. 9 ist dies ein Vermögen mit einem gemeinen Wert von 15.500 €. Auf das Vermögen werden nicht Erinnerungswerte, Hausrat und solche Vermögensgegenstände, deren Veräußerung eine Verschleuderung bedeuten würde, angerechnet. Ebenso bleibt ein angemessenes Hausgrundstück i. S. d. § 90 Abs. 2 Nr. 8 SGB XII unberücksichtigt.

Eine mildtätige Körperschaft muss sich im Falle einer entsprechenden Leistungserbringung von der Hilfsbedürftigkeit der zu unterstützenden Person überzeugen, da die Anerkennung als mildtätig erfordert, dass sich die Körperschaft ausnahmslos um Personen kümmert, die als hilfsbedürftig anzuerkennen sind. Ausnahmen gibt es nur bei Einrichtungen der Wohlfahrtspflege wie z. B. Altenheimen, Pflegeheimen und Mahlzeitendiensten. Bei diesen genügt es nach § 66 Abs. 3 AO und § 68 Nr. 1a AO, wenn die Leistungen mindestens zu 2/3 hilfsbedürftigen Personen zugute kommen.

Der vom Gesetz geforderte Nachweis der wirtschaftlichen Hilfebedürftigkeit jeder unterstützten Person ist für mildtätige Körperschaften i. S. d. § 53 AO in vielen Fällen mit großem Aufwand verbunden, teilweise auch unmöglich (z. B. Lebensmittelausgabe in Tafeln). Neben dem Einkommen muss auch das Vermögen in die Prüfung der Hilfebedürftigkeit mit einbezogen werden.

Durch das Ehrenamtsstärkungsgesetz wird der Nachweis vereinfacht, um diese Körperschaften von Bürokratie zu entlasten (§ 53 Nr. 2 Sätze 5 und 6 AO). Wer Leistungen nach SGB II (Grundsicherung für Arbeitsuchende, Hartz IV), SGB XII (Sozialhilfe), Wohngeldgesetz, § 27a Bundesversorgungsgesetz (Ergänzende Hilfe zum Lebensunterhalt) oder nach § 6a Bundeskindergeldgesetz (Kinderzuschlag) erhält, gilt als hilfebedürftig. Für den Nachweis der Hilfebedürftigkeit genügt der jeweilige Leistungsbescheid, der für den Unterstützungszeitraum ausgestellt ist, oder die Bestätigung des Sozialleistungsträgers. Ist sichergestellt, dass aufgrund der besonderen Art der gewährten Unterstützungsleistung nur hilfebedürftige Personen unterstützt werden, kann sich die Körperschaft auf Antrag von der Nachweispflicht befreien lassen.

Beantragt eine Körperschaft die Befreiung von der Nachweispflicht nach § 53 Nr. 2 Satz 8 AO, muss sie nachweisen, dass aufgrund ihrer besonderen Art der gewährten Unterstützungsleistung sichergestellt ist, dass nur wirtschaftlich hilfebedürftige Personen unterstützt werden. Auf die Nachweisführung kann verzichtet werden, wenn aufgrund der Art der Unterstützungsleistungen typischerweise davon auszugehen ist, dass nur bedürftige Menschen unterstützt werden. Hierbei sind die besonderen Gegebenheiten vor Ort sowie Inhalte und Bewerbungen des konkreten Leistungsangebotes zu berücksichtigen. Im Regelfall müssen Kleiderkammern, Suppenküchen, Obdachlosenasyle und die sogenannten Tafeln keine Nachweise erbringen (vgl. AEAO zu § 53, Nr. 12).

2.4 Kirchliche Zwecke

Nach § 54 Abs. 1 AO verfolgt eine Körperschaft kirchliche Zwecke, wenn ihre Tätigkeit darauf gerichtet ist, eine Religionsgemeinschaft, die Körperschaft des öffentlichen Rechts ist, ausschließlich und unmittelbar selbstlos zu fördern. Religionsgemeinschaften des öffentlichen Rechts sind z. B. die evangelische oder katholische Kirche in ihrer Erscheinung als Landeskirche, Bistum oder Pfarrgemeinde, die jüdischen Synagogengemeinden und andere kirchliche Gemeinschaften, die als Körperschaft des öffentlichen Rechts anerkannt sind.

Da Religionsgemeinschaften des öffentlichen Rechts nicht steuerpflichtig sind, hat die Befreiungsvorschrift des § 54 AO im Wesentlichen Bedeutung für Betriebe gewerblicher Art dieser Religionsgemeinschaften und für andere Körperschaften, die mit ihrer Tätigkeit eine öffentlich-rechtliche Religionsgemeinschaft fördern. Einen kirchlichen Zweck verfolgen z. B. Kirchenbauvereine, Orgelbauvereine, kirchliche Stiftungen, Missionsgesellschaften oder kirchliche Versorgungskassen. In der Durchführung von Kirchenbesichtigungen und Kirchturmbesteigungen liegt keine unmittelbare Förderung kirchlicher Zwecke.

Religionsgemeinschaften des Privatrechts verfolgen mit ihren eigenen religiösen Zielen keine kirchlichen Zwecke (BFH vom 6.6.1951, BStBl. III 1951 S. 148). Diese Religionsgemeinschaften, Sekten und Weltanschauungsgemeinschaften, die nicht Körperschaften des öffentlichen Rechts sind, können deshalb nur wegen Förderung der Religion gemeinnützig sein.

Eine kirchliche Tätigkeit kann auch im Ausland ausgeübt werden, z. B. bei einer Mission.

§ 54 Abs. 2 AO enthält eine Aufzählung einzelner kirchlicher Zwecke. Dies sind:

- die Errichtung, Ausschmückung und Unterhaltung von Gotteshäusern und kirchlichen Gemeindehäusern;
- die Abhaltung von Gottesdiensten;
- die Ausbildung von Geistlichen;
- die Erteilung von Religionsunterricht;
- die Beerdigung und die Pflege des Andenkens der Toten;
- die Verwaltung des Kirchenvermögens, die Besoldung der Geistlichen, Kirchenbeamten und Kirchendienern, die Alters- und Behindertenversorgung für diese Personen und die Versorgung ihrer Witwen und Waisen.

2.5 Förderung der Allgemeinheit

Ein gemeinnütziger Verein fördert die Allgemeinheit nur dann, wenn der Beitritt zum Verein allen Interessenten rechtlich und tatsächlich offen steht. Vereine, die nur Angehörige einer Familie, eines bestimmten Unternehmens oder Bewohner eines Stadtteils aufnehmen, sind nicht gemeinnützig. Ein genereller Ausschluss von Ausländern wäre ebenfalls nicht zulässig. Keine unzulässige Beschränkung liegt jedoch vor, wenn zum Beispiel ein Sportverein wegen Überbelegung der Sportstätten eine (vorübergehende) Aufnahmesperre verfügt.

Achtung:

Keine Beschränkung durch zu hohe Beiträge, Aufnahmegebühren und Umlagen.

Ein Verein, dessen Tätigkeit in erster Linie seinen Mitgliedern zugute kommt (insbesondere Sportvereine und Vereine, die in § 52 Abs. 2 Nr. 23 AO genannte Freizeitbetätigungen fördern), fördert nicht die Allgemeinheit, wenn er den Kreis der Mitglieder durch hohe Aufnahmegebühren oder Mitgliedsbeiträge (einschließlich Mitgliedsumlagen) klein hält.

Durchschnittliche Jahresbeiträge bis 1.023 € und Aufnahmegebühren bis 1.534 € werden von der Finanzverwaltung noch anerkannt (AEAO zu § 52 Nr. 1.1). Zusätzlich kann der Verein gemeinnützigkeitsunschädlich eine Investitionsumlage bis zu 5.113 € je Mitglied verlangen, wenn das Mitglied die Umlage auf 10 Jahresraten verteilen kann. Die Umlage darf nur zur Finanzierung von konkreten Investitionsvorhaben und zur Tilgung von Darlehen verwendet werden. Darlehen, die Mitglieder dem Verein im Zusammenhang mit der Aufnahme gewähren, sind nicht als zusätzliche Aufnahmegebühren zu erfassen. Wird das Darlehen zinslos oder zu einem ermäßigten Zinssatz gewährt, ist der jährliche Zinsverzicht als zusätzlicher Mitgliedsbeitrag zu berücksichtigen. Dabei kann typisierend ein üblicher Zinssatz von 5,5 % angenommen werden.

Aufwendungen für den Erwerb von Gesellschaftsanteilen einer KG mit Ausnahme des Agios sind nicht als zusätzliche Aufnahmegebühren zu behandeln, weil insoweit nur eine Vermögensumschichtung vorliegt (BFH vom 23.7.2003, BStBl. II 2005 S. 443). Die Finanzverwaltung ist in ihrem Schreiben vom 19.5.2005 (BStBl. I S. 786) der Rechtsauffassung des BFH gefolgt und hat entgegenstehende Weisungen im Anwendungserlass gestrichen. Nach Auffassung der Finanzverwaltung kann allerdings ein Sportverein mangels Unmittelbarkeit dann nicht als gemeinnützig behandelt werden, wenn die Mitglieder die Sportanlagen des Vereins nur bei Erwerb einer Nutzungsberechtigung von einer neben dem Verein bestehenden KG nutzen dürfen (Vgl. AEAO zu § 52, Nr. 1.3.1.6).

Hinweis:

Die Satzungen der meisten Vereine geben dem Vorstand die Befugnis, Beitrittswillige ohne Angabe von Gründen abzuweisen. Diese Bestimmung beeinträchtigt die Gemeinnützigkeit nicht, wenn eine Ablehnung nur vereinzelt geschieht und die Ablehnung in der Person des Antragstellers (Querulant, Unruhestifter) begründet ist.

Der BFH hat in seinem Urteil vom 20.12.2006 (DStR 2007, S. 438) die Auffassung vertreten, dass auch die Bewohner oder Angehörigen eines ausländischen Staates oder einer Stadt im Ausland Allgemeinheit im Sinne des § 52 AO sein können. Der BFH hatte zuvor dem EuGH die Frage vorgelegt, ob eine in Italien errichtete gemeinnützige Stiftung aufgrund des EG-vertraglichen Diskriminierungsverbotes mit einer im Inland errichteten gemeinnützigen Stiftung gleichzustellen ist (Fall Walter Stauffer). Die Frage war insbesondere im Hinblick auf die Steuerbefreiung des § 5 Abs. 1 Nr. 9 KStG von Belang, von der bis 2008 beschränkt körperschaftsteuerpflichtige Körperschaften auch dann ausgeschlossen waren, wenn sie i. S. d. deutschen Gemeinnützigkeitsvorschriften tätig waren (Änderung des § 5 Abs. 2 KStG d. d. JStG 2009).

Der EuGH hat erwartungsgemäß entschieden, dass eine ausländische (EU-) Körperschaft, die die deutschen Vorschriften über die Steuerbefreiung erfüllt, wie eine deutsche steuerbefreite Körperschaft behandelt werden muss (EuGH vom 14.9.2006, DStRE 2006, S. 1304). Nach diesem Urteil können deshalb auch ausländische Körperschaften die Steuerbefreiung in Anspruch nehmen und die Allgemeinheit kann deshalb auch im Ausland gefördert werden.

Durch das Jahressteuergesetz 2009 wurde aufgrund des o. g. Urteils in § 51 Abs. 2 AO geregelt, dass Allgemeinheit nur die natürlichen Personen sind, die ihren Wohnsitz oder ihren gewöhnlichen Aufenthalt im Inland haben. Die Allgemeinheit soll als Ausnahmeregelung aber auch gefördert werden, wenn „die Tätigkeit der Körperschaft neben der Verwirklichung der steuerbegünstigten Zwecke auch zum Ansehen der Bundesrepublik Deutschland im Ausland beitragen kann“ (zu Einzelheiten s. hierzu AEAO zu § 51 Abs 2, Nr. 7).

2.6 Selbstlosigkeit

Der gemeinnützige Verein darf nicht in erster Linie eigenwirtschaftliche Zwecke – zum Beispiel gewerbliche Zwecke oder sonstige Erwerbszwecke – verfolgen.

Eine wirtschaftliche Betätigung zur Verbesserung der Finanzlage des Vereins (zum Beispiel Vereinsgaststätte) ist unschädlich. Während bisher sich die Tätigkeit des Vereins mehrheitlich (über 50 %) auf die steuerbegünstigten Zwecke erstrecken musste, können nach der Änderung des Anwendungserlasses zur AO vom 17.1.2012 (BStBl. I S. 83) nun auch 100% der Mittel aus steuerpflichtigen wirtschaftlichen Geschäftsbetrieben oder der Vermögensverwaltung erzielt werden. Voraussetzung ist allerdings wie bisher, dass die Mittel im steuerbegünstigten Bereich verwendet werden und der steuerpflichtige wirtschaftliche Geschäftsbetrieb oder die Vermögensverwaltung nicht zum Selbstzweck werden (vgl. AEAO zu § 56, Nr. 1).

Dies bringt insbesondere im Zusammenhang mit Fördervereinen neue Gestaltungsmöglichkeiten. War bisher der Einsatz von Fördervereinen im Rahmen von wirtschaftlichen Tätigkeiten dahingehend begrenzt, dass die Finanzverwaltung in den meisten Fällen Einnahmen im ideellen Bereich von mind. 50,1 % der Gesamteinnahmen forderte, können jetzt 100 % der Einnahmen aus dem steuerpflichtigen wirtschaftlichen Geschäftsbetrieb erzielt werden. Jeder Verein kann deshalb durch den Einsatz eines Fördervereins eine weitere Besteuerungsfreigrenze von 35.000 € und einen weiteren Freibetrag von 5.000 € erlangen. Da die Finanzverwaltung für Spartenvereine oft für jede Abteilung einen Förderverein zulässt, können bei 20 Abteilungen bei geschickter Aufteilung der Einnahmen zusätzlich 700.000 € ertragsteuerfrei vereinnahmt werden.

Die Mittel des Vereins dürfen nur für satzungsmäßige Zwecke verwendet werden. Insbesondere dürfen die steuerbegünstigten Vereine ihren Mitgliedern keine Zuwendungen in ihrer Eigenschaft als Mitglieder machen. Es dürfen beispielsweise keine Überschüsse des Vereins als Gewinnanteile an die Mitglieder ausgeschüttet werden. Dies schließt jedoch nicht aus, dass aufgrund von Verträgen Vergütungen für gewährte oder erbrachte Leistungen gezahlt werden (AEAO zu § 55 Abs. 1 Nr. 1, Nr. 10).

Mittelbeschaffung und Mittelverwendung

Mittelbeschaffung		Mittelverwendung
Gemeinnütziger Verein darf nicht primär eigenwirtschaftliche Zwecke verfolgen. **aber:** Wirtschaftliche Betätigung zur Verbesserung der Finanzen unschädlich, wenn die Mittel für steuerbegünstigte Zwecke eingesetzt werden (AEAO zu § 56, Nr .1)		Nur für satzungsmäßige Zwecke. **Keine** Zuwendung an Mitglieder in ihrer Eigenschaft als Mitglieder. **aber:** Ausgaben i. R. d. Mitgliedschaftsverhältnisses zulässig, wenn i. R. d. allgemein Üblichen, z. B. Freibier, Vereinsausflug (AEAO zu § 55 Abs. 1 Nr. 1, Nr. 9))

Ausgaben für Mitglieder im Rahmen des Mitgliedschaftsverhältnisses (z. B. Freibier, Vereinsausflug etc.) gefährden die Gemeinnützigkeit nicht, wenn die Zuwendungen im Rahmen der Betreuung von Mitgliedern allgemein üblich sind (AEAO zu § 55 Abs. 1 Nr. 1, Nr. 9). Die Finanzverwaltung beanstandet es in vielen Bundesländern nicht, wenn die Zuwendungen 40 € im Kalenderjahr nicht übersteigen. Diese 40 €-Grenze kann sowohl für Aufwendungen aufgrund von Vereinsveranstaltungen (Vereinsausflug, Weihnachtsfeier etc.) als auch zusätzlich für Zuwendungen aus persönlichen Anlässen des Mitglieds (Heirat, Geburtstag, Jubiläum etc.) gewährt werden. Für Zuwendungen aus persönlichem Anlass kann die 40 €-Grenze mehrmals (für jeden Anlass getrennt) ausgeschöpft werden. In besonderen Ausnahmefällen (Verabschiedung eines langjährigen Funktionärs) kann die 40 €-Grenze auch einmal überschritten werden.

Der 40 €-Grenze unterliegen nicht Aufwendungen für einen Kranz eines verstorbenen Mitglieds sowie Zuwendungen bei Sport- oder Konzertreisen. Auch ist die 40 €-Grenze nicht anzuwenden bei echten Leistungsbeziehungen zwischen Verein und Mitglied (z. B. Sportler, Übungsleiter, Vorstand, Platzwart etc., AEAO zu § 55 Abs. 1 Nr. 1, Nr. 10).

2.7 Ausschließlichkeit

Nach den §§ 51, 56 AO müssen steuerbegünstigte Vereine ihre förderungswürdigen Zwecke ausschließlich verfolgen. Dies bedeutet jedoch nicht, dass überhaupt keine wirtschaftlichen Geschäftsbetriebe unterhalten werden können; diese dürfen jedoch nicht zum Selbstzweck der Körperschaft werden (vgl. AEAO zu § 56, Nr. 1).

Achtung:

In der Satzung dürfen jedoch nur steuerbegünstigte Zwecke als Ziele des Vereins enthalten sein. Formulierungen wie „Förderung der Geselligkeit" gehören deshalb nicht in die Satzung.

Der BFH hat zwar in seinem Beschluss vom 14.7.2004 (DStR 2004, S. 1644) entschieden, dass die Begriffe „ausschließlich" und „unmittelbar" nicht in der Satzung einer gemeinnützigen Körperschaft genannt zu werden brauchen. Es reiche aus, wenn aus der Satzung nichts Gegenteiliges entnommen werden könne. Ausschlaggebend sei, dass die aufgeführten Zielsetzungen keinen begründeten Zweifel daran ließen, dass sie der Verwirklichung des steuerbegünstigten Zwecks dienen. Das BMF hat in seinem Schreiben vom 20.9.2005 (DStR 2005, S. 1732) dieser Auffassung nicht zugestimmt und angeordnet, dass diesem Beschluss allgemein nicht zu folgen sei. Die Begriffe „ausschließlich" und „unmittelbar" sollten deshalb weiterhin in die Satzung aufgenommen werden.

2.8 Unmittelbarkeit

Gemäß § 57 AO muss der gemeinnützige Verein seine steuerbegünstigten Ziele selbst verwirklichen. Dies schließt nicht aus, dass sich der Verein Hilfspersonen bedient oder seine Mittel teilweise anderen steuerbegünstigten Körperschaften für deren steuerbegünstigte Zwecke überlässt (zum Beispiel Spende an einen anderen gemeinnützigen Verein).

Nach § 58 Nr. 1 AO werden auch reine Fördervereine und Spendensammelvereine bei Vorliegen bestimmter Voraussetzungen als gemeinnützig anerkannt, wenn sie satzungsmäßig und tatsächlich Mittel für die Verwirklichung steuerbegünstigter Zwecke anderer Körperschaften beschaffen.

Hinweis:

In der Satzung muss aber eindeutig zum Ausdruck kommen, dass der Verein nur Mittel zur Weitergabe für steuerbegünstigte Zwecke sammelt (AEAO zu § 58 Nr. 1, Nr. 1).

2.9 Mittelverwendung

Der Verein hat die ihm zur Verfügung stehenden Mittel und Sachwerte für seine satzungsmäßigen Zwecke einzusetzen (§ 55 Abs. 1 Nr. 1 AO). Die Herkunft der Mittel spielt dabei keine Rolle: Der Verein muss Beiträge, Spenden, Zinsen, Miet- und Pachterträge, Gewinne aus Betrieben, Einrichtungen und Veranstaltungen grundsätzlich zeitnah für seine Zweckaufgaben verwenden.

Gem. § 55 Abs. 1 Nr. 5 Satz 3 AO mussten bis 31.12.2012 alle Mittel der steuerbegünstigten Körperschaft in dem auf den Zufluss folgenden Kalender- oder Wirtschaftjahr für steuerbegünstigte Zwecke verwendet werden, z. B. Ausgaben für Investitionen (Bau eines Sportplatzes) oder laufende Ausgaben für den steuerbegünstigen Zweck (Zahlung von Übungsleitern etc.). Die Ansammlung von Mitteln über diese Jahresfrist hinaus, z. B. Anlage auf dem Festgeldkonto, war nur möglich, wenn zulässigerweise Rücklagen nach § 58 Nr. 6, 7, 11 und 12 AO a. F. gebildet werden konnten.

Insbesondere Vereine erzielen oft jährlich schwankende Einnahmen. So werden z. B. durch nicht jährlich stattfindende Festveranstaltungen (z. B. Jubiläumsfest) sehr hohe Einkünfte erzielt, die dann im nächsten Jahr nicht wieder sinnvoll ausgeben werden können. Die Neuregelung durch das Ehrenamtsstärkungsgesetz nimmt den Vereinen deshalb den Druck, unnötige Ausgaben zu tätigen.

Die Neuregelung gibt den steuerbegünstigten Körperschaften nun 2 Jahre Zeit für die Mittelverwendung (§ 55 Abs. 1 Nr. 5 Satz 3 AO). Die Rücklagen- und Vermögensbildung ist weiterhin möglich (jetzt geregelt in § 62 AO).

Aufgrund der Neuregelung wird es aber in Zukunft noch wichtiger werden, die Verwendung der Mittel durch eine Mittelverwendungsrechnung festzuhalten und die Rücklagen zu dokumentieren (vgl. AEAO zu § 55 Abs. 1 Nr. 5, Nr. 27).

Die Bildung der gesetzlichen Rücklage einer Unternehmergesellschaft i. S. d. § 5a Abs. 1 GmbHG verstößt nicht gegen das Gebot der zeitnahen Mittelverwendung (vgl. AEAO zu § 55 Abs. 1 Nr. 1, Nr. 21).

Achtung:

Mittel des steuerbegünstigten Bereichs (Ideeller Bereich und Zweckbetriebe) dürfen nicht für den nicht begünstigten Bereich (Vermögensverwaltung und steuerpflichtige wirtschaftliche Geschäftsbetriebe) verwendet werden.

Für den Ausgleich von Verlusten im steuerpflichtigen wirtschaftlichen Geschäftsbetrieb gilt folgende Regelung (AEAO zu § 55 Abs. 1 Nr. 1, Nr. 5 ff.):

Da die Ergebnisse verschiedener steuerpflichtiger wirtschaftlicher Geschäftsbetriebe nach § 64 Abs. 2 AO zusammengerechnet werden, liegt eine gemeinnützigkeitsschädliche Mittelverwendung nicht vor, wenn im Verlustentstehungsjahr der Verlust mit Gewinnen aus anderen steuerpflichtigen wirtschaftlichen Geschäftsbetrieben verrechnet werden kann. Verbleibt nach dieser Verrechnung noch ein Verlust, ist keine Verwendung von Mitteln des ideellen Bereichs anzunehmen, wenn dem ideellen Bereich in den letzten sechs vorangegangenen Jahren Gewinne des einheitlichen steuerpflichtigen wirtschaftlichen Geschäftsbetriebs in mindestens gleicher Höhe zugeführt worden sind.

Sind die Verluste ausschließlich durch Abschreibungen entstanden, so wirkt sich dies nur gemeinnützigkeitsschädlich aus, wenn das Wirtschaftsgut ausschließlich dem steuerpflichtigen wirtschaftlichen Geschäftsbetrieb dient.

Werden Wirtschaftsgüter sowohl im ideellen Bereich als auch im steuerpflichtigen wirtschaftlichen Geschäftsbetrieb (gemischt genutztes Wirtschaftsgut) genutzt, ist dies gemeinnützigkeitsunschädlich, wenn

- ein für den ideellen Bereich angeschafftes oder hergestelltes Wirtschaftsgut zur besseren Kapazitätsauslastung und Mittelbeschaffung teil- oder zeitweise für einen steuerpflichtigen wirtschaftlichen Geschäftsbetrieb genutzt wird. Die Körperschaft darf nicht schon im Hinblick auf eine zeit- oder teilweise Nutzung für den steuerpflichtigen wirtschaftlichen Geschäftsbetrieb ein größeres Wirtschaftsgut angeschafft oder hergestellt haben, als es für die ideelle Tätigkeit notwendig war,
- die Körperschaft für die Leistungen des steuerpflichtigen wirtschaftlichen Geschäftsbetriebs marktübliche Preise verlangt und
- der steuerpflichtige wirtschaftliche Geschäftsbetrieb keinen eigenständigen Sektor eines Gebäudes (z. B. Gaststättenbetrieb in einer Sporthalle) bildet.

Der Ausgleich eines Verlustes ist außerdem unschädlich für die Gemeinnützigkeit, wenn

- der Verlust auf einer Fehlkalkulation beruht,
- die Körperschaft bis zum Ende des dem Verlustentstehungsjahr folgenden Wirtschaftsjahres dem ideellen Tätigkeitsbereich wieder Mittel in entsprechender Höhe zuführt und
- die wieder zugeführten Mittel weder aus Zweckbetrieben oder dem Bereich der steuerbegünstigten Vermögensverwaltung noch aus Beiträgen oder anderen Zuwendungen, die zur Förderung der steuerbegünstigten Zwecke der Körperschaft bestimmt sind, stammen.

Die Zuführungen zu dem ideellen Bereich können demnach aus dem Gewinn des einheitlichen steuerpflichtigen wirtschaftlichen Geschäftsbetriebs, der in dem Jahr nach der Entstehung des Verlustes erzielt wird, geleistet werden. Außerdem dürfen für den Ausgleich des Verlustes Umlagen und Zuschüsse der Mitglieder, die dafür bestimmt sind, verwendet werden. Derartige Zuwendungen sind jedoch nicht als Spenden abziehbar.

Eine schädliche Verwendung von Mitteln für den Ausgleich von Verlusten des steuerpflichtigen wirtschaftlichen Geschäftsbetriebs liegt auch dann nicht vor, wenn dem Betrieb die erforderlichen Mittel durch die Aufnahme eines betrieblichen Darlehens zugeführt werden oder bereits in dem Betrieb verwendete ideelle Mittel mittels eines Darlehens, das dem Betrieb zugeordnet wird, innerhalb der Frist von 12 Monaten nach dem Ende des Verlustentstehungsjahres an den ideellen Bereich der Körperschaft zurück gegeben werden. Voraussetzung für die Unschädlichkeit ist, dass Tilgung und Zinsen für das Darlehen ausschließlich aus Mitteln des steuerpflichtigen wirtschaftlichen Geschäftsbetriebs geleistet werden.

Bei dem Aufbau eines neuen Betriebes ist eine Verwendung von Mitteln des ideellen Bereichs für den Ausgleich von Verlusten auch dann unschädlich für die Gemeinnützigkeit, wenn mit Anlaufverlusten zu rechnen war. In diesem Fall muss die Körperschaft aber i. d. R. innerhalb von drei Jahren nach dem Ende des Entstehungsjahres des Verlustes dem ideellen Bereich wieder Mittel, die gemeinnützigkeitsunschädlich dafür verwendet werden dürfen, zuführen.

Die o. g. Regelungen gelten entsprechend für die Vermögensverwaltung (AEAO zu § 55 Abs. 1 Nr. 1, Nr. 8).

Gem. § 58 Nr. 2 AO kann der Verein seine zeitnah zu verwendenden oder andere Mittel teilweise (nicht mehr als 50 %) einer anderen steuerbegünstigten Körperschaft oder einer juristischen Person des öffentlichen Rechts zur Verwendung für steuerbegünstigte Zwecke überlassen. Für die Ermittlung der maximal zulässigen Höhe der Mittelweitergabe ist das Nettovermögen (Vermögenswerte abzüglich Verbindlichkeiten) im jeweiligen Veranlagungszeitraum maßgebend. Auf die im jeweiligen Veranlagungszeitraum zeitnah zu verwendenden Mittel kommt es nicht an (AEAO zu § 58 Nr. 2, Nr. 2).

Die Verwendung der Mittel hat bei der Empfängerkörperschaft gem. § 55 Abs. 1 Nr. 5 AO zu erfolgen, d. h. werden zeitnah zu vewendende Mittel weitergegeben, unterliegen diese auch der zeitnahen Mittelverwendung bei der Empfängerkörperschaft (AEAO zu § 58 Nr. 2, Nr. 2).

Durch das Ehrenamtsstärkungsgesetz wurde § 58 Nr. 3 AO ab 1.1.2014 neu eingeführt.. Nach dieser völlig neuen Vorschrift kann eine Körperschaft über die Regelung des § 58 Nr. 2 AO hinaus einer anderen steuerbegünstigten Körperschaft oder einer juristischen Person des öffentlichen Rechts für deren Vermögensausstattung die Überschüsse aus der Vermögensverwaltung, die Gewinne aus dem Zweckbetrieb und dem steuerpflichtigen wirtschaftlichen Gechäftsbetrieb und darüber hinaus noch max. 15 % der sonstigen zeitnah zu verwendenden Mittel zuwenden. Maßgebend für die Ermittlung dieser Grenzen sind die Verhältnisse des vorangegangenen Kalender- oder Wirtschaftsjahres (AEAO zu § 58 Nr. 3, Nr. 3).

Der mit den weitergegebenen Mitteln verfolgte Zweck muss sowohl bei der Geber- als auch bei der Empfängerkörperschaft gefördert werden. Beide Körperschaften können daneben aber auch noch andere Zwecke verfolgen (AEAO zu § 58 Nr. 3, Nr. 3). Die Mittel dürfen von der Empfängerkörperschaft nicht zu weiteren Vermögensausstattungen weitergegeben werden.

Nach dieser Vorschrift ist auch die Vermögensausstattung einer steuerbegünstigten Kapitalgesellschaft (z. B. gGmbH), die denselben Zweck verfolgt, zulässig (Gründung oder Kapitalerhöhung), aber nicht der Kauf von Anteilen an einer bereits bestehenden Kapitalgesellschaft (AEAO zu § 58 Nr. 3, Nr. 3).

2.10 Rücklagenbildung

Gemeinnützige Vereine sind verpflichtet, ihre finanziellen Mittel zeitnah für die gemeinnützigen Zwecke zu verwenden. Dies bedeutet, dass Überschüsse in den nächsten zwei Jahren in voller Höhe für die steuerbegünstigten Zwecke zu verwenden sind (vgl. § 55 Abs. 1 Nr. 5 Satz 3 AO). Das Ansammeln von Mitteln (Rücklagenbildung) ist nur in bestimmten Ausnahmefällen zulässig:

Die Vorschriften über die Rücklagenbildung wurden zum 1.1.2014 von § 58 AO in den im Jahre 2009 freigewordenen § 62 AO übernommen. Die Änderungen sind teilweise nur redaktioneller Art. In § 62 Abs. 1 Nr. 2 AO wird die von der Finanzverwaltung bisher schon anerkannte Rücklage für Wiederbeschaffung gesetzlich normiert.

Rücklagen können nach § 62 AO gebildet werden,

- soweit dies erforderlich ist, um die steuerbegünstigten satzungsmäßigen Zwecke nachhaltig erfüllen zu können (bisher § 58 Nr. 6 AO, jetzt § 62 Abs. 1 Nr. 1 AO – sog. Projekt- oder Zweckverwirklichungsrücklage). Die Durchführung sollte in einem angemessenen Zeitraum möglich sein, grundsätzlich sollte ein Zeitraum von 6 Jahren nicht überschritten werden (OFD Frankfurt vom 13.2.2014, DStR 2014 S. 803).
- für periodisch wiederkehrende Ausgaben (zum Beispiel Löhne, Gehälter, Mieten) in Höhe des Mittelbedarfs für eine angemessene Zeitperiode (Betriebsmittelrücklage). Die Höhe der Rücklage ist davon abhängig, in welchem Zeitraum die Körperschaft Einnahmen erzielt.

Insoweit bestimmt sich die Zeitspanne (höchstens 1 Jahr) nach den Verhältnissen des jeweiligen Einzelfalles (OFD Frankfurt vom 13.2.2014, DStR 2014 S. 803).

- zur Bezahlung von Steuern außerhalb eines steuerpflichtigen wirtschaftlichen Geschäftsbetriebs, solange Unklarheit darüber besteht, ob die Körperschaft insoweit in Anspruch genommen wird.
- als Wiederbeschaffungsrücklage für Grundstücke, Fahrzeuge und andere Wirtschaftsgüter, für deren Anschaffung die laufenden Einnahmen nicht ausreichen (§ 62 Abs .1 Nr. 2 AO). Daraus folgt aber nicht, dass Mittel in Höhe der Abschreibungen generell einer Rücklage nach § 62 Abs. 1 Nr. 1 AO zugeführt werden dürfen. Vielmehr ist es erforderlich, dass tatsächlich eine Neuanschaffung des einzelnen Wirtschaftsguts geplant und in einem angemessenen Zeitraum möglich ist. Eine Einstellung von Mitteln in Höhe der Abschreibungen in die Rücklage wäre nach Ansicht der Finanzverwaltung z. B. dann nicht gerechtfertigt, wenn ein Fuhrpark verkleinert oder ein Gebäude während unabsehbar langer Zeit nicht durch einen Neubau ersetzt werden soll. Die Zuführung von Mitteln in Höhe der Abschreibungen dürfte z. B. dann nicht ausreichen, wenn das vorhandene Wirtschaftsgut entweder frühzeitig oder durch ein besseres, größeres und teureres Wirtschaftsgut ersetzt werden soll. Die Zuführung dürfte dann überhöht sein, wenn die steuerlich zulässigen (Sonder-)Abschreibungen nicht mit dem tatsächlichen Wertverlust übereinstimmen.
- für die Renovierung oder Erweiterung von steuerpflichtigen wirtschaftlichen Geschäftsbetrieben (zum Beispiel Vereinsgaststätte). Diese Rücklage mindert den Gewinn jedoch nicht. Sie ist vielmehr vom Gewinn nach Steuern zu bilden.
- als freie Rücklage. Dabei darf weiterhin höchstens ein Drittel des Überschusses aus der Vermögensverwaltung und darüber hinaus höchstens 10 % der sonstigen nach § 55 Abs. 1 Nr. 5 AO zeitnah zu verwendenden Mittel eingestellt werden. Wird der Höchstbetrag für die Bildung der freien Rücklage in einem Jahr nicht ausgeschöpft, kann diese unterbliebene Zuführung in den folgenden zwei Jahren nachgeholt werden (bisher § 58 Nr. 7a AO, jetzt § 62 Abs. 1 Nr. 3 AO).
- für den Erwerb von Gesellschaftsrechten zur Erhaltung der prozentualen Beteiligung an Kapitalgesellschaften. Zu beachten ist allerdings, dass die Höhe dieser Rücklage die freie Rücklage mindert (bisher § 58 Nr. 7b AO, jetzt § 62 Abs. 1 Nr. 4 AO).

Die Rücklagen müssen gem. § 62 Abs. 2 AO innerhalb von zwei Jahren gebildet werden. Die zweckgebundenen Rücklagen nach § 62 Abs. 1 Nr. 1, 2 und 4 AO müssen unverzüglich aufgelöst werden, sobald der Grund für die Rücklage wegfällt. Die freigewordenen Mittel sind innerhalb von zwei Jahren zu verwenden. Die Bildung von neuen Rücklagen ist aber zulässig.

Weiterhin müssen folgende Mittel nicht zeitnah verwendet werden (bisher § 58 Nr. 11 a – d AO, jetzt § 62 Abs. 3 AO):

1. Zuwendungen von Todes wegen, wenn der Erblasser keine Verwendung für den laufenden Aufwand der Körperschaft vorgeschrieben hat;
2. Zuwendungen, bei denen der Zuwendende ausdrücklich erklärt, dass diese zur Ausstattung der Körperschaft mit Vermögen oder zur Erhöhung des Vermögens bestimmt sind;
3. Zuwendungen auf Grund eines Spendenaufrufs der Körperschaft, wenn aus dem Spendenaufruf ersichtlich ist, dass Beträge zur Aufstockung des Vermögens erbeten werden;
4. Sachzuwendungen, die ihrer Natur nach zum Vermögen gehören.

Eine Stiftung kann im Jahr ihrer Errichtung und in den drei (bisher zwei) folgenden Kalenderjahren Überschüsse aus der Vermögensverwaltung und die Gewinne aus wirtschaftlichen Geschäftsbetrieben nach § 14 AO ganz oder teilweise ihrem Vermögen zuführen (bisher § 58 Nr. 12 AO, jetzt § 62 Abs. 4 AO).

Hinweis:

Hat ein Verein Mittel angesammelt, ohne dass die o. g. Voraussetzungen vorliegen, so kann das Finanzamt ihm eine Frist für die Verwendung der Mittel setzen (§ 63 Abs. 4 AO). Die Frist beträgt zwischen 2 und 3 Jahren. Werden die Mittel innerhalb dieser Frist für steuerbegünstigte Zwecke verwendet, verliert der Verein nicht die Steuerbegünstigung.

2.11 Satzung

Die steuerliche Anerkennung der Gemeinnützigkeit setzt nicht nur voraus, dass der Verein tatsächlich gemeinnützige Zwecke verfolgt, sondern er muss dies auch in seiner Satzung festlegen (§ 60 AO). In der Satzung muss vor allem zum Ausdruck kommen,

- dass der Verein ausschließlich und unmittelbar gemeinnützige Zwecke selbstlos verfolgt, wobei diese im Einzelnen aufzuführen sind;
- dass die Mittel des Vereins nur für satzungsmäßige Zwecke verwendet werden und die Mitglieder keine Gewinnanteile und in ihrer Eigenschaft als Mitglieder auch keine sonstigen Zuwendungen aus Mitteln des Vereins erhalten;
- dass der Verein keine Person durch Ausgaben, die dem Zweck des Vereins fremd sind, oder durch unverhältnismäßig hohe Vergütungen begünstigt,
- dass bei Auflösung oder Aufhebung des Vereins oder bei Wegfall seines bisherigen Zwecks das Vermögen nur für steuerbegünstigte Zwecke verwendet werden darf (Grundsatz der Vermögensbindung).

In der Satzung muss die Beschreibung des Zwecks einschließlich der vorgesehenen Mittel zum Zweck so eindeutig sein, dass ohne weitere Erklärung erkennbar ist, ob der Verein eine steuerbegünstigte Zielsetzung hat und wie diese verwirklicht werden soll.

Wegen ihrer großen Bedeutung für die Steuervergünstigung einer Körperschaft ist deren Satzung vor der erstmaligen, vorläufigen Anerkennung der Steuervergünstigung, sorgfältig zu prüfen. Wurde früher eine vorläufige Bescheinigung über die Gemeinnützigkeit erteilt so erlässt das Finanzamt ab 29.3.2013 einen Feststellungsbescheid über die satzungmäßigen Voraussetzungen gem. § 60a AO. Diese Feststellung der Satzungsmäßigkeit ist für die Besteuerung der Körperschaft und der Steuerpflichtigen, die Zuwendungen in Form von Spenden und Mitgliedsbeiträgen an die Körperschaft erbringen, bindend.

Die Voraussetzungen für die Feststellungen nach § 60a AO liegen auch dann vor, wenn die Körperschaft bereits vor dem 1.1.2009 bestand und daher eine Anpassung an die Mustersatzung (Anlage 1 zu § 60 AO) bisher nicht vornehmen musste.

Die Feststellung der satzungsmäßigen Voraussetzungen kann begleitend zur Körperschaftsteuerveranlagung durchgeführt werden, oder aber auf Antrag bereits vor einer Registereintragung oder einer Anerkennung der Körperschaft erfolgen, sofern zu diesem Zeitpunkt bereits eine Körperschaftsteuerpflicht besteht.

Die Satzung muss die in der Mustersatzung bezeichneten Festlegungen enthalten (§ 60 Abs. 1 Satz 2 AO), soweit sie für die jeweilige Körperschaft im Einzelfall einschlägig ist. Sinnvolle Abweichungen sind nach AEAO zu § 60, Nr. 2 zulässig. Entspricht die Satzung des Vereins nicht der Mustersatzung nach § 60 AO, muss der Satzung bei den vor dem 1.1.2009 gegründeten Vereinen erst geändert werden, wenn die Satzung aus anderem Grund geändert wird (AEAO zu § 60, Nr. 3).

Als Empfänger des Vermögens können nicht nur juristische Personen des öffentlichen Rechts und inländische steuerbegünstigte Körperschaften in Betracht kommen, sondern auch Körperschaften im Sinne des § 5 Abs. 2 Nr. 2 KStG (bestimmte ausl. Körperschaften).

2.12 Mustersatzung (steuerlicher Teil)

§ 1 Name, Sitz, Geschäftsjahr

(1) Der Verein führt den Namen „Sportverein Musterstadt“. Er soll in das Vereinsregister beim Amtsgericht Musterstadt eingetragen werden. Nach der Eintragung führt er den Namenszusatz „eingetragener Verein“.

(2) Er hat seinen Sitz in Musterstadt und verfolgt ausschließlich und unmittelbar gemeinnützige Zwecke im Sinne des Abschnitts „Steuerbegünstigte Zwecke“ der Abgabenordnung.

§ 2 Zweck des Vereins

(1) Der Verein setzt sich die Aufgabe, den Sport zu pflegen und zu fördern.

(2) Der Satzungszweck wird verwirklicht durch den Bau und die Unterhaltung von Sportanlagen und die Förderung sportlicher Betätigung und sportlicher Leistung.

(3) Die Körperschaft ist selbstlos tätig; sie verfolgt nicht in erster Linie eigenwirtschaftliche Zwecke. Mittel der Körperschaft dürfen nur für die satzungsmäßigen Zwecke verwendet werden. Die Mitglieder erhalten keine Zuwendungen aus den Mitteln der Körperschaft. Es darf keine Person durch Ausgaben, die dem Zweck der Körperschaft fremd sind, oder durch unverhältnismäßig hohe Vergütungen begünstigt werden.

§ x Auflösung des Vereins

(1) Die Auflösung des Vereins kann nur erfolgen, wenn …

(2) Bei Auflösung der Körperschaft oder bei Wegfall steuerbegünstigter Zwecke fällt das Vermögen der Körperschaft an ... (Körperschaft des öffentlichen Rechts oder steuerbegünstigte Körperschaft), die es ausschließlich und unmittelbar für gemeinnützige, mildtätige oder kirchliche Zwecke zu verwenden hat.

oder:

(3) Bei Auflösung der Körperschaft oder bei Wegfall steuerbegünstigter Zwecke fällt das Vermögen der Körperschaft an eine juristische Person des öffentlichen Rechts oder eine andere steuerbegünstigte Körperschaft zwecks Verwendung für … (z. B. sportliche Zwecke i. S. d. § 52 Abs. 2 Nr. 21 AO).

Achtung:

Ab 2007 ist folgende Formulierung durch Streichung des § 61 Abs. 2 AO nicht mehr zulässig:

„Bei Auflösung des Vereins oder bei Wegfall steuerbegünstigte Zwecke ist das Vermögen zu steuerbegünstigten Zwecken zu verwenden. Beschlüsse über die Verwendung des Vermögens dürfen nur nach Einwilligung des Finanzamts ausgeführt werden."

Diese nicht mehr zulässige Satzungsbestimmung muss nicht sofort geändert werden, sondern erst dann, wenn die Satzung aus einem anderen Grund geändert wird.

Aufgrund des BMF-Schreibens vom 14.10.2009 (BStBl. I, S. 1318) ist eine Zahlung an Vereinsfunktionäre für den Zeitaufwand nur gemeinnützigkeitsrechtlich unschädlich, wenn die Satzung dies ausdrücklich erlaubt (vgl. auch AEAO zu § 55 Abs 1 Nr 3, Nr. 23). In die Satzung ist deshalb folgende Formulierung aufzunehmen:

§ x Organe des Vereins

(1) *Organe des Vereins sind der Vorstand und die Mitgliederversammlung.*

(2) Die Mitglieder des Vorstandes haben Anspruch auf Ersatz der ihnen entstandenen notwendigen Auslagen und Aufwendungen. Für den Zeitaufwand dieser Funktionäre kann die Mitgliederversammlung eine in ihrer Höhe angemessene Vergütung beschließen. (*Bei größeren Vereinen:* Bei Bedarf kann ein hauptamtlicher Vorstand oder Geschäftsführer bestellt werden).

Hat der Verein bereits ab 2007 Zahlungen an den Vorstand für Zeitaufwand geleistet (z. B. Auszahlung der Ehrenamtspauschale gem. § 3 Nr. 26a EStG) wird dies von der Finanzverwaltung nicht beanstandet, wenn die Satzung bis zum 31.12.2010 geändert wurde oder wenn der Vorstand zukünftig auf Tätigkeitsvergütungen verzichtet hat (BMF-Schreiben vom 14.10.2009, DStR 2009, S. 2254).

2.13 Fragen Sie den Steuerberater

Bei der Abfassung der steuerlich wichtigen Satzungsbestimmungen ist der Steuerberater die kompetente Ansprechperson. Zur Vermeidung nachträglicher Satzungsänderungen und etwaiger zusätzlicher Kosten wird er im Zweifelsfalle den Satzungsentwurf vor Beschlussfassung durch die Mitgliederversammlung und ggf. vor Eintragung in das Vereinsregister dem Finanzamt und dem Amtsgericht zur Prüfung vorlegen.

Tipp:

Da dem Finanzamt auch jede spätere Satzungsänderung mitgeteilt werden muss, sollten geplante Änderungen mit dem Finanzamt ebenfalls schon vor Beschlussfassung besprochen werden.

Über die Steuerbefreiung wegen Steuerbegünstigung kann das Finanzamt in rechtsverbindlicher Form nur für den einzelnen Steuerabschnitt (Kalenderjahr) durch Erteilung eines Steuerbescheids oder eines Freistellungsbescheids entscheiden. Den praktischen Bedürfnissen Rechnung tragend, erlässt das Finanzamt auf Antrag nach Prüfung der Satzung einen Feststellungsbescheid gem. § 60a AO. Dieser Bescheid ist vor allem wegen der Frage der steuerlichen Begünstigung von Spenden an den Verein und für die Befreiung von der Kapitalertragsteuervon Bedeutung.

Die Finanzämter sind gehalten, in gewissen Zeitabständen zu prüfen, ob die Voraussetzungen der Steuerbegünstigung satzungsmäßig und tatsächlich weiterhin erfüllt sind (§ 63 AO). Zu diesem Zweck werden den Vereinen, soweit sie nicht bereits mit einem wirtschaftlichen Geschäftsbetrieb der laufenden Besteuerung unterliegen, etwa alle drei Jahre Steuererklärungsformulare zugesandt. Vereine, deren tatsächliche Geschäftsführung sich mit den erklärten gemeinnützigen Zielen deckt und die durch ordnungsmäßige Aufzeichnungen ihrer Einnahmen und Ausgaben den entsprechenden Nachweis leicht und einwandfrei führen können, werden einer solchen gelegentlichen Überprüfung ihrer Gemeinnützigkeit mit großer Gelassenheit entgegensehen und brauchen sich deshalb keinesfalls zu sorgen..

3 Ertragsteuerliche Behandlung der verschiedenen Tätigkeitsbereiche

3.1 Allgemeines

Steuerbegünstigte Körperschaften sind gem. § 5 Abs. 1 Nr. 9 KStG und § 3 Nr. 6 GewStG grundsätzlich von der Körperschaftsteuer und Gewerbesteuer befreit. Die Steuerbefreiung gilt allerdings nicht, soweit ein wirtschaftlicher Geschäftsbetrieb unterhalten wird (§ 5 Abs. 1 Nr. 9 KStG). Ein wirtschaftlicher Geschäftsbetrieb ist gem. § 14 AO eine selbständige nachhaltige Tätigkeit, durch die Einnahmen oder andere wirtschaftliche Vorteile erzielt werden und die über den Rahmen einer Vermögensverwaltung hinausgeht. Innerhalb der wirtschaftlichen Geschäftsbetriebe wird unterschieden zwischen steuerbegünstigten Zweckbetrieben (wirtschaftliche Betätigungen, die in ihrer Gesamtrichtung dazu dienen, die steuerbegünstigten satzungsmäßigen Zwecke der Körperschaft zu verwirklichen) und steuerpflichtigen wirtschaftlichen Geschäftsbetrieben (wirtschaftliche Betätigungen, die im Wesentlichen der reinen Mittelbeschaffung dienen, z. B. selbst bewirtschaftete Vereinsgaststätte oder Vereinsfeste).

Bei einem steuerbegünstigten Verein sind deshalb 4 steuerliche Bereiche zu unterscheiden:

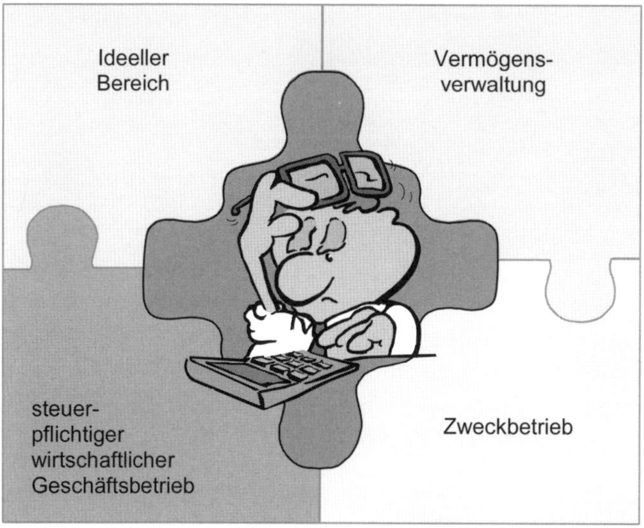

Hinweis:

In diesem Kapitel wird nur die ertragsteuerliche Behandlung der verschiedenen Tätigkeitsbereiche eines steuerbegünstigten Vereins angesprochen. Die umsatzsteuerliche Behandlung wird in Tz. 6 dargestellt.

3.2 Ideeller Tätigkeitsbereich

Erträge im ideellen Tätigkeitsbereich bleiben bei der Ermittlung des steuerpflichtigen Einkommens und Umsatzes einer steuerbegünstigten Körperschaft außer Ansatz. Hierzu gehören echte Mitgliedsbeiträge, Spenden, Zuschüsse der Öffentlichen Hand, Schenkungen, Erbschaften und Vermächtnisse.

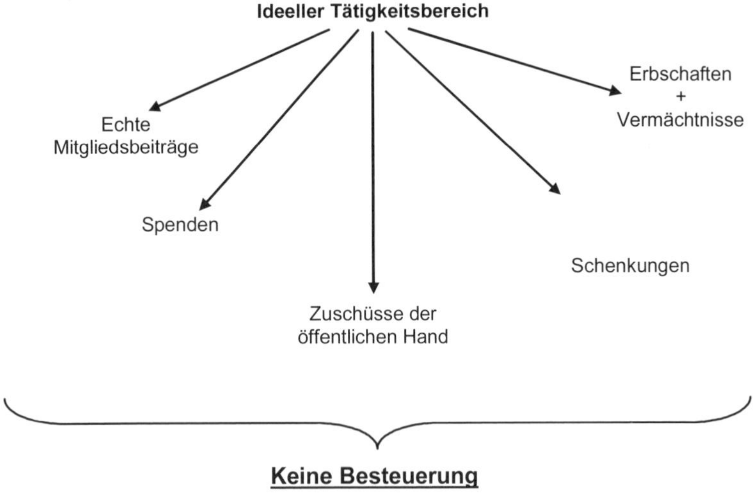

Im ideellen Bereich sind sämtliche Ausgaben zu erfassen, die aufgrund des Satzungszwecks geleistet werden und nicht in unmittelbarem Zusammenhang mit anderen Einnahmen stehen (ggf. sind die Ausgaben auf die verschiedenen Tätigkeitsbereiche aufzuteilen, z. B. bei einer Geschäftsstelle).

3.3 Vermögensverwaltung

3.3.1 Allgemeines

Nach § 14 Satz 3 AO liegt Vermögensverwaltung i. d. R. vor, wenn Vermögen genutzt, z. B. Kapitalvermögen verzinslich angelegt oder unbewegliches Vermögen vermietet oder verpachtet wird. Eine Tätigkeit, die auf Erzielung von Einkünften aus Kapitalvermögen (§ 20 EStG) oder aus Vermietung oder Verpachtung (§ 21 EStG) gerichtet ist, wird im allgemeinen Vermögensverwaltung sein.

Vermögensverwaltung		
Kapital anlegen	Grundstücke vermieten / verpachten	Werberechte verpachten

Vermögensverwaltung ist gegeben, wenn sich die Betätigung noch als Nutzung von Vermögen i. S. einer Fruchtziehung aus zu erhaltenden Substanzwerten darstellt und die Ausnutzung substantieller Vermögenswerte durch Umschichtung nicht entscheidend in den Vordergrund tritt (BFH vom 16.4.1991, BStBl. II S. 844). Bei der Auslegung können die einkommensteuerrechtlichen Grundsätze zur Abgrenzung der Einkünfte aus Gewerbebetrieb von den Einkünften aus Vermietung und Verpachtung herangezogen werden (BFH vom 25.10.1988, BStBl. II 1989 S. 291).

Eine zusammenhängende Tätigkeit ist entweder in vollem Umfang als wirtschaftlicher Geschäftsbetrieb oder als Vermögensverwaltung zu qualifizieren. Eine verhältnismäßige Aufteilung auf Geschäftsbetrieb und Vermögensverwaltung ist rechtlich nicht zulässig. Ist die Tätigkeit als Vermögensverwaltung zu werten, ist ein wirtschaftlicher Geschäftsbetrieb vom Begriff her nicht gegeben (BFH vom 9.10.1992, BFH/NV 1994 S. 80).

3.3.2 ABC der Vermögensverwaltung

Einnahmen:

- Bausparzinsen
- Dividenden
- Erstattung von Vorsteuer, die auf die Vermögensverwaltung entfällt
- Erstattung von Kapitalertragsteuer (für Kapitalerträge im Vermögensverwaltungsbereich)
- Pacht für
  - Vereinsgaststätte
  - Werbung
- Miete für
  - Vermietung von Wohnungen
  - Vermietung von unbebauten Grundstücken
  - langfristige Vermietung von Räumen
  - langfristige Vermietung von Sportanlagen
  - langfristige Vermietung von beweglichen Wirtschaftsgütern
- Verkaufserlöse aus in der Vermögensverwaltung genutzten Wirtschaftsgütern
- Zinsen aus Bank- und Sparguthaben (sofern die Geldanlage nicht zum steuerpflichtigen wirtschaftlichen Geschäftsbetrieb gehört)

Ausgaben:

- Abschreibungen auf (teilweise) in der Vermögensverwaltung genutzte Wirtschaftsgüter
- Anschaffungs- oder Herstellungskosten der ausschließlich in der Vermögensverwaltung genutzten Wirtschaftsgüter
- Anzeigen für Vermietungsinserate
- Bankdepotmiete für Aktien
- Bankspesen
- Druckkosten für Werbung in Vereinszeitschriften/Jubiläumsschriften, wenn die Werbung verpachtet wurde
- Geschäftsstelle (Baukosten, Inventar, laufende Kosten), anteilig
- Laufende Betriebskosten
- Löhne/Gehälter für in der Vermögensverwaltung tätige Arbeitnehmer
- Instandhaltungskosten
- Portokosten (soweit Vorgänge der Vermögensverwaltung betroffen sind)
- Reisekosten für Arbeitnehmer oder ehrenamtliche Mitarbeiter in der Vermögensverwaltung

- Steuerliche Nebenleistungen (Kosten, Säumniszuschläge, Verspätungszuschläge, Zinsen, Zwangsgelder) auf Umsatzsteuer, die auf die Vermögensverwaltung entfällt
- Telefonkosten (soweit auf Vermögensverwaltung entfallend)
- Umsatzsteuer, die auf die Vermögensverwaltung entfällt
- Vermittlungsgebühr Immobilenmakler
- Kapitalertragsteuer (für Kapitalerträge im Vermögensverwaltungsbereich)
- Zinsen (z. B. für Investitionen im Vermögensverwaltungsbereich)

3.3.3 Einnahmen aus Kapitalvermögen

3.3.3.1 Allgemeines

Zinseinnahmen aus Bank- und Sparguthaben sind grundsätzlich in der Vermögensverwaltung zu erfassen. Eine Zuordnung zum steuerpflichtigen wirtschaftlichen Geschäftsbetrieb ergibt sich nur dann, wenn die Kapitalanlage eindeutig einem steuerpflichtigen wirtschaftlichen Geschäftsbetrieb zuzuordnen ist. Dies wäre dann der Fall, wenn auf einem Konto, über das die Einnahmen und Ausgaben der selbstbetriebenen Vereinsgaststätte abgewickelt werden, Habenzinsen anfallen. Auch Zinsen auf einem Sparbuch mit der Bezeichnung „Renovierung Gaststätte“ müssten bei einer selbstbetriebenen Vereinsgaststätte als steuerpflichtig angesehen werden.

Die Beteiligung (auch Mehrheitsbeteiligung oder 100 %-Beteiligung) einer steuerbegünstigten Körperschaft an einer Kapitalgesellschaft (AG, GmbH) ist grundsätzlich Vermögensverwaltung (§ 14 Satz 3 AO). Sie stellt jedoch (unabhängig von der Beteiligungshöhe) einen steuerpflichtigen wirtschaftlichen Geschäftsbetrieb dar, wenn tatsächlich ein entscheidender Einfluss auf die laufende Geschäftsführung („Tagesgeschäft“ oder Vorbehalt ausdrücklicher Zustimmung zu bestimmten Geschäften) der Kapitalgesellschaft ausgeübt wird (BFH vom 30.6.1971, BStBl. II S. 753). Ein entsprechender Einfluss auf die Geschäftsführung der Kapitalgesellschaft ist zu bejahen, wenn beispielsweise Organe des Vereins als Geschäftsführer der Kapitalgesellschaft tätig sind und infolge dieser Personenidentität davon auszugehen ist, dass die Entscheidungen der Kapitalgesellschaft vom Verein vorbestimmt sind.

Ein wirtschaftlicher Geschäftsbetrieb ist – trotz entscheidungserheblicher Einflussnahme auf die Geschäftsführung – jedoch nicht gegeben, wenn eine Körperschaft Alleingesellschafter einer steuerbefreiten oder einer vermögensverwaltenden Kapitalgesellschaft ist (vgl. AEAO zu

§ 64 Abs. 1, Nr. 3). Auch ohne Einfluss auf die laufende Geschäftsführung kann eine Beteiligung an einer Kapitalgesellschaft ein steuerpflichtiger wirtschaftlicher Geschäftsbetrieb sein, wenn die Grundsätze der Betriebsaufspaltung anzuwenden sind. Diese sind nicht anzuwenden, wenn sowohl das Betriebs- als auch das Besitzunternehmen steuerbegünstigt sind (vgl. AEAO zu § 64 Abs. 1, Nr. 3).

Die Beteiligung eines steuerbegünstigten Vereins an einer Personengesellschaft (GbR, KG, OHG) stellt grundsätzlich einen steuerpflichtigen wirtschaftlichen Geschäftsbetrieb. Dies ist darin begründet, dass der Verein durch die Beteiligung sowohl Mitunternehmerinitiative entfaltet als auch Mitunternehmerrisiko trägt. Als Mitunternehmer erzielt der Verein Einkünfte aus Gewerbebetrieb gemäß § 15 Abs. 1 Nr. 2 EStG.

Die Beteiligung einer steuerbegünstigten Körperschaft an einer gewerblich geprägten vermögensverwaltenden Personengesellschaft stellt keinen steuerpflichtigen wirtschaftlichen Geschäftsbetrieb dar (BFH-Urteil vom 25.5.2011, BStBl. II 2012 S. 858).

3.3.3.2 Kapitalertragsteuer

Zum 1.1.2009 wurde eine Abgeltungsteuer von 25 % zzgl. Solidaritätszuschlag auf Kapitaleinkünfte eingeführt (§ 32d EStG). Grundlegend beruht das Konzept der Abgeltungsteuer auf einem Steuerabzug an der Quelle, dies bedeutet, dass wie bisher die Kapitalertragsteuer von den Schuldnern der Erträge (z. B. Banken oder Kapitalgesellschaften) abgezogen wird. Anders als bisher ist aber mit dem Steuerabzug die Einkommensteuer des Gläubigers grundsätzlich abgegolten, d. h. der Steuerpflichtige muss die Kapitaleinkünfte nicht mehr in seiner Einkommensteuererklärung angeben.

Da ein Verein keine natürliche Person ist, kann die Abgeltungsteuer nicht auf ihn angewendet werden. Der Verein unterliegt wie bisher der Kapitalertragsteuer von 25 % (bis 31.12.2008 20 % bzw. 30 % Zinsabschlag) zzgl. Solidaritätszuschlag. Da Einkünfte aus der Vermögensverwaltung eines steuerbegünstigten Vereins aber in jeglicher Höhe von der KSt und GewSt befreit sind, kann sich der Verein von der Kapitalertragsteuer wie bisher befreien lassen (s. hierzu BMF-Schreiben vom 5.11.2002, BStBl. I S. 1346 und vom 12.1.2006, BStBl. I S. 101). Er hat hierzu bei Zinseinnahmen der auszahlenden Sparkasse oder Bank das Original bzw. eine amtlich beglaubigte Kopie des zuletzt erteilten Freistellungsbescheides vorzulegen, der für den fünften oder späteren Veranlagungszeitraum vor dem Veranlagungszeitraum des Zuflusses der Kapitalerträge erteilt worden ist.

Bei neu gegründeten Körperschaften wird die Steuerbefreiung durch den Feststellungsbescheid gem. § 60a AO über die Steuerbegünstigung/Gemeinnützigkeit (Gültigkeitsdauer für den Kapitalertragsteuerabzug 3 Jahre) dokumentiert, so dass die Vorlage dieser Bescheinigung für die Abstandnahme vom Kapitalertragsteuerabzug ausreicht, wenn deren Gültigkeitsdauer im Veranlagungszeitraum des Zuflusses der Kapitalerträge oder später endet. Die Befreiung bei Vorlage der Bescheinigung gilt auch für Zinserträge über dem Sparerpauschbetrag.

Bei Erträgen aus Anteilen an GmbHs, Namensaktien nicht börsennotierter AGs und Anteilen aus Wirtschaftsgenossenschaften kann sich der Verein ebenfalls durch die Übergabe eines Freistellungsbescheides an den Zahlungsschuldner befreien lassen, in anderen Fällen wird die abgeführte Kapitalertragsteuer durch das Bundeszentralamt für Steuern aufgrund eines Antrags des Vereins erstattet (§ 44a Abs. 7 EStG).

Die Steuerbefreiung des § 5 Abs. 1 Nr. 9 KStG erstreckt sich nicht auf den steuerpflichtigen wirtschaftlichen Geschäftsbetrieb. Kapitaleinnahmen im steuerpflichtigen wirtschaftlichen Geschäftsbetrieb sind deshalb auch weiterhin mit dem Körperschaftsteuersatz von 15 % zzgl. Solidaritätszuschlag und Gewerbesteuer zu versteuern, wenn die Besteuerungsgrenze von 35.000 € und die Freibeträge überschritten sind. Die einbehaltene Kapitalertragsteuer und der Solidaritätszuschlag werden angerechnet.

Fallen Beteiligungserträge (z. B. Dividenden) im steuerpflichtigen wirtschaftlichen Geschäftsbetrieb an, unterliegen die Einkünfte nach § 8b Abs. 1 KStG nicht der Besteuerung. Allerdings sind 5 % der Bruttodividende gem. § 8b Abs. 5 Satz 1 KStG zu versteuern. Eine Abstandnahme vom Kapitalertragsteuerabzug ist nicht möglich (§ 44a Abs. 4 Satz 5 EStG). Die Kapitalertragsteuer kann aber auf die Körperschaftsteuer angerechnet werden.

Wird die Freigrenze des § 64 Abs. 3 AO von 35.000 € oder der Freibetrag nicht überschritten, kann durch rechtzeitige Vorlage einer Nichtveranlagungs-Bescheinigung der Steuerabzug verhindert werden.

3.3.4 Vermietung und Verpachtung

3.3.4.1 Allgemeines

Die Vermietung und Verpachtung von Grundbesitz stellt in aller Regel Vermögensverwaltung dar. Auch bei umfangreicherem Grundbesitz und deshalb erheblicher Verwaltungsarbeit ist Vermögensverwaltung anzunehmen (BFH vom 17.1.1961, BStBl. III S. 233). Unter besonderen Umständen kann die Vermietung den Rahmen der Verwaltung des Grundbesitzes sprengen, wenn beispielsweise schneller und ständiger Wechsel der Mieter eine Tätigkeit erfordert, die über das bei langfristigen Vermietungen übliche Maß hinausgeht oder wenn der Grundstückseigentümer Verpflichtungen über die bloße Vermietungstätigkeit hinaus übernimmt (z. B. Reinigung der Räume, Herrichten eines Saales für eine Veranstaltung, Hausmeistertätigkeit usw.). Als entscheidend wird angesehen, ob zur bloßen Nutzungsüberlassung eine fortgesetzte, mithin nachhaltige und auf Gewinnerzielung gerichtete Beteiligung am allgemeinen wirtschaftlichen Verkehr hinzutritt. Keine (bloße) Vermögensverwaltung ist daher i. d. R. gegeben bei der nachhaltigen Vermietung eines Sitzungssaales oder ähnlicher Räume für regelmäßig kurze Zeit (einzelne Tage oder Stunden) an wechselnde Benutzer, so auch bei der ständig wechselnden kurzfristigen Saalvermietung für Konzerte, bei der Vermietung von Ausstellungsräumen, Messeständen, Tennis- und Campingplätzen etc.

Dauervermietungen sind dagegen der Vermögensverwaltung zuzuordnen (z. B. Sportverein vermietet nicht mehr genutzte Turnhalle an einen Unternehmer). In Grenzfällen wird im Allgemeinen aber nicht kleinlich verfahren. So hat der BFH in einem Fall noch Vermögensverwaltung angenommen, in dem eine Körperschaft einen überwiegend für steuerbegünstigte Zwecke genutzten Saal zur besseren Ausnutzung und Auslastung jeweils kurzfristigen wechselnden Mietern überließ (BFH vom 17.12.1957, BStBl. III 1958 S. 96). Danach kann auch die stundenweise Überlassung einer vereinseigenen Turnhalle für das Schulturnen dem Bereich der Vermögensverwaltung zugeordnet werden, zumal wenn die Überlassung für längere Zeit vereinbart wird.

Auch bei der einheitlichen Vermietung eines Schützenplatzes an einen Veranstalter handelt es sich um Vermögensverwaltung; die Körperschaft beschränkt sich damit auf die Nutzung ihres Vermögens (RFH vom 6.5.1941, RStBl. S. 743). Dagegen ist die Vermietung der einzelnen Standplätze an Schausteller und Gewerbetreibende anlässlich eines sich alljährlich wiederholenden Schützenfestes als steuerpflichtiger wirtschaftlicher Geschäftsbetrieb anzusehen (BFH vom 25.4.1968, BStBl. II 1969 S. 94). Die o. g. Grundsätze sind auch bei der Vermietung von beweglichen Wirtschaftsgütern anzuwenden.

3.3.4.2 Verpachtung der Vereinsgaststätte

Die Einnahmen aus einer verpachteten Vereinsgaststätte sind in der Vermögensverwaltung zu erfassen. Eine Gaststätte gilt als verpachtet, wenn ein Pachtvertrag mit einem Pächter vorliegt, der die Gaststätte auf eigene Rechnung und im eigenen Namen betreibt.

Tipp:

Dabei ist es rechtlich unbedenklich, wenn dieser Pächter ein Mitglied des Vereins oder ein Förderverein ist, wenn Ein- und Verkäufe tatsächlich vom Pächter selbst abgewickelt werden und der Pächter dem Verein ein angemessenes Pachtentgelt bezahlt.

Dabei ist allerdings darauf zu achten, dass eine personelle Trennung zwischen Pächter und Vereinsführung besteht und dem vereinsnahen Pächter auf Dauer ein angemessener Gewinn aus dem Pachtverhältnis verbleibt. Ein Mindestgewinn von 10 % des Überschusses vor Pachtzahlungen ist nach Ansicht der Finanzverwaltung in Baden-Württemberg ausreichend.

Wird die Vereinsgaststätte an einen selbständigen Pächter verpachtet, liegt kein wirtschaftlicher Geschäftsbetrieb, sondern eine Vermögensverwaltung vor. Eine Ausnahme von diesem Grundsatz besteht nur dann, wenn der Verein die Gaststätte früher selbst betrieben und vor der Verpachtung keine Betriebsaufgabe erklärt hat. Die Pachteinnahmen sind in diesem Fall weiterhin im steuerpflichtigen wirtschaftlichen Geschäftsbetrieb zu erfassen.

Grundsätzlich hat der Verein ein Wahlrecht, ob er die Betriebsaufgabe erklären will oder ob von einem fortbestehenden (verpachteten) Gewerbebetrieb ausgegangen werden soll. Die Betriebsaufgabe muss jedoch eindeutig gegenüber dem Finanzamt erklärt werden. Die Aufgabe wird von der Finanzverwaltung für den vom Steuerpflichtigen gewählten Zeitpunkt anerkannt, wenn die Aufgabeerklärung spätestens drei Monate nach diesem Zeitpunkt abgegeben wird. Wird die Betriebsaufgabe nicht erklärt oder wird gegenüber dem Finanzamt überhaupt keine Erklärung abgeben, so muss von einem fortbestehenden steuerpflichtigen wirtschaftlichen Geschäftsbetrieb ausgegangen werden. Die Pachterträge sind dann weiterhin Einkünfte aus einem Gewerbebetrieb. Ebenso bleiben die verpachteten Wirtschaftsgüter Betriebsvermögen.

Tipp:

Die Gaststätte kann trotz vorheriger Selbstbewirtschaftung ohne Aufdeckung der stillen Reserven verpachtet werden.

Wurde die Betriebsaufgabe erklärt, mussten früher die im Zeitpunkt der Betriebsaufgabe vorhandenen stillen Reserven aufgedeckt und versteuert werden. Nach A 47 Abs. 12 Sätze 1 und 2 KStR 1995 kam eine Buchwertfortführung nicht in Betracht, wenn eine Körperschaft i. S. d. § 13 Abs. 4 Satz 1 KStG einen bisher steuerpflichtigen wirtschaftlichen Geschäftsbetrieb durch Veräußerung, Betriebsaufgabe oder Verpachtung beendet. Die Körperschaftsteuerreferatsleiter des Bundes und der Länder haben jedoch 1996 entschieden, dass die Überführung einer Vereinsgaststätte vom steuerpflichtigen wirtschaftlichen Geschäftsbetrieb in die Vermögensverwaltung unter der Voraussetzung des § 13 Abs. 4 KStG zu Buchwerten möglich ist. Der Beschluss der KSt-Referatsleiter wurde erst mit BMF-Schreiben vom 1.2.2002 (BStBl. I S. 221) bekannt gemacht. Die Aufdeckung der stillen Reserven ist deshalb nicht mehr erforderlich. Geht der Verein nach der Verpachtung wieder zur Selbstbewirtschaftung über, so sind die Wirtschaftsgüter wieder mit den Buchwerten anzusetzen.

Vergleichsrechnung selbstbetriebene und verpachtete Vereinsgaststätte

	selbstbetrieben	verpachtet	
	Verein	**Verein**	**Pächter**
Überschuss (netto)	10.000		10.000
Pachtzahlung an Verein			- 9.000
Pachteinn. Gaststätte (brutto)		9.000	
Gewerbliche Einkünfte			1.000
Körperschaftsteuer 15 %	1.500	0	
ESt/Soli/KiSt angen. 35 %			350*
GewSt + Soli ca. 15 %	1.500	0	0
Spende		1.000	- 1.000

* bei Spende fällt keine ESt an

3.3.4.3 Verpachtung von Werberechten

Einnahmen aus Werbung können der Vermögensverwaltung oder dem steuerpflichtigen wirtschaftlichen Geschäftsbetrieb zugeordnet werden. Entscheidend ist, ob die Werbung vom Verein selbst betrieben wird oder an einen selbständigen Pächter verpachtet ist (AEAO zu § 67a, Nr. 9).

Folgende Arten von Werbung sind denkbar:

- Bandenwerbung
- Trikotwerbung
- Werbung auf Sportgeräten
- Anzeigenwerbung
- Lautsprecherwerbung
- PKW-Werbung
- Sponsoring.

Während die Einnahmen aus der selbstbetriebenen Werbung im steuerpflichtigen wirtschaftlichen Geschäftsbetrieb zu erfassen sind, sind Einnahmen aus verpachteter Werbung unter bestimmten Voraussetzungen in der Vermögensverwaltung zu erfassen. Dabei ist es rechtlich unbedenklich, wenn dieser Pächter ein Mitglied des Vereins oder ein Förderverein ist, wenn die Akquisition, Werbung und Abrechnung tatsächlich vom Pächter selbst abgewickelt werden und der Pächter dem Verein ein angemessenes Pachtentgelt bezahlt.

Das Werbegeschäft eines steuerbegünstigten Vereins kann unter bestimmten Voraussetzungen verpachtet werden. Die Einnahmen sind dann dem Bereich „Vermögensverwaltung“ (§ 14 Satz 3 AO) zuzuordnen. Verpachtet werden können das Recht zur Nutzung von Werbeflächen in vereinseigenen oder gemieteten Sportstätten (sog. Bandenwerbung) sowie die Lautsprecherwerbung und das Anzeigengeschäft in Festschriften und Vereinszeitschriften.

> **Achtung:**
>
> Die entgeltliche Übertragung des Rechts zur Nutzung von Werbeflächen auf der Sportkleidung (Trikots, Sportschuhen, Helmen) und auf Sportgeräten ist stets als steuerpflichtiger wirtschaftlicher Geschäftsbetrieb zu behandeln (AEAO zu § 67a, Nr. 9).

Voraussetzung für die steuerliche Anerkennung der entgeltlichen Übertragung der Werberechte ist, dass der Verein dann an der Durchführung und Abwicklung der Werbegeschäfte nicht aktiv mitwirkt und dem Pächter ein angemessener Gewinn (Nettoüberschuss von mindestens 10 % vor Pacht) verbleibt (FinVerw Baden-Württemberg). Wegen der eventuell zu berücksichtigenden Umsatzsteuer- und Gewerbesteuerbelastung beim Pächter ist zu empfehlen, bei der Festlegung des Höchstsatzes im Pachtvertrag nicht 90 % des verbleibenden Überschusses als Pacht zu vereinbaren, sondern sich auf ca. 75 – 84 % des Überschusses zu beschränken.

Achtung:

Wird die Werbung an eine Personengesellschaft verpachtet, an der der Verein beteiligt ist, liegt immer ein steuerpflichtiger wirtschaftlicher Geschäftsbetrieb vor. Bei einer Beteiligung an einer Kapitalgesellschaft nur dann, wenn der Verein die Mehrheit der Stimmrechte an der Kapitalgesellschaft besitzt (Grundsätze der Betriebsaufspaltung) oder wenn ein entscheidender Einfluss auf die laufende Geschäftsführung („Tagesgeschäft“ oder Vorbehalt ausdrücklicher Zustimmung zu bestimmten Geschäften) der Kapitalgesellschaft ausgeübt wird (BFH vom 30.6.1971, BStBl. II S. 753).

Vergleichsrechnung selbstbetriebene und verpachtete Werbung

	selbstbetrieben	**verpachtet**	
	Verein	**Verein**	**Pächter**
Werbeeinnahmen (netto)	10.000		10.000
Pachteinn. Werbung (brutto)		9.000	- 9.000
./. 85 % pauschale BA § 64 Abs. 6 Nr. 1 AO	- 8.500		
zu versteuern	1.500	0	1.000
Körperschaftsteuer 15 %	225		
ESt/Soli/KiSt angen. 35 %			350*
GewSt + SolZ ca. 15 %	225	0	0
Spende		1.000	- 1.000

* bei Spende fällt keine ESt an

Trotz der geringen Steuerbelastung ist eine Verpachtung sinnvoll, da die Bruttoeinnahmen der Werbung die 35.000 €-Freigrenze des § 64 Abs. 3 AO belasten.

Die Werbung eines steuerbegünstigten Vereins kann auch an mehrere Werbeunternehmen verpachtet werden, z. B. Inseratenwerbung an Werbeunternehmen X und Bandenwerbung an Werbeunternehmen Y. Das BFH-Urteil vom 13.3.1991 (BStBl. II 1992 S. 101) wird von der Finanzverwaltung nicht angewendet.

3.4 Zweckbetriebe

3.4.1 Allgemeines

In den Einzelsteuergesetzen wird die Steuerbefreiung bzw. Steuerermäßigung steuerbegünstigter Körperschaften insoweit eingeschränkt, als ein wirtschaftlicher Geschäftsbetrieb unterhalten wird (z. B. § 5 Abs. 1 Nr. 9 KStG, § 3 Nr. 6 Satz 2 GewStG). Gemäß § 64 Abs. 1 AO hat das zur Folge, dass eine Körperschaft für die Besteuerungsgrundlagen, die ihrem wirtschaftlichen Geschäftsbetrieb zuzuordnen sind, die Steuervergünstigung verliert und der partiellen Steuerpflicht unterliegt, soweit es sich bei dem wirtschaftlichen Geschäftsbetrieb nicht um einen Zweckbetrieb i. S. der §§ 65 – 68 AO handelt.

Ein wirtschaftlicher Geschäftsbetrieb liegt gemäß § 14 AO vor, wenn eine Tätigkeit selbstständig und nachhaltig verfolgt wird, durch die Einnahmen oder andere wirtschaftliche Vorteile erzielt werden und die zudem über den Rahmen der Vermögensverwaltung hinausgeht. Die Absicht Gewinn zu erzielen, ist nicht notwendig im Gegensatz zu den Anforderungen an einen Gewerbebetrieb (§ 15 EStG). Die Besteuerung wirtschaftlicher Geschäftsbetriebe erfolgt nach den Regelungen der Einzelsteuergesetze i. V. mit § 64 AO.

Gemäß § 64 Abs. 1 AO ist ein wirtschaftlicher Geschäftsbetrieb allerdings von der partiellen Steuerpflicht ausgenommen, wenn es sich um einen sog. Zweckbetrieb i. S. der §§ 65 – 68 AO handelt. Ein Zweckbetrieb liegt gemäß § 65 AO vor, wenn:

- der wirtschaftliche Geschäftsbetrieb in seiner Gesamtrichtung dazu dient, die steuerbegünstigten satzungsmäßigen Zwecke der Körperschaft zu verwirklichen,
- die Zwecke nur durch einen solchen Geschäftsbetrieb erreicht werden können und
- der wirtschaftliche Geschäftsbetrieb zu nicht begünstigten Betrieben derselben oder ähnlichen Art nicht in größerem Umfang in Wettbewerb tritt, als es bei Erfüllung der steuerbegünstigten Zwecke unvermeidbar ist.

In den §§ 66 – 68 AO sind zudem verschiedene wirtschaftliche Geschäftsbetriebe aufgezählt, die durch weitere Sonderregelungen zu Zweckbetrieben erklärt wurden.

3.4.2 Kulturelle Veranstaltungen

Kulturelle Veranstaltungen (Theateraufführung oder Konzerte) sind nur dann steuerbegünstigt, wenn die Förderung der Kultur in der Satzung ausdrücklich genannt ist. Steuerbegünstigt sind jedoch nur die Eintrittsgelder, nicht dagegen eine Bewirtung der Zuhörer oder Mitwirkenden.

Hinweis:

Eine Bewirtung stellt immer einen steuerpflichtigen wirtschaftlichen Geschäftsbetrieb dar (AEAO zu § 68 Nr. 7, Nr. 14). Nicht begünstigt sind auch Eintrittsgelder bei reinen Tanzveranstaltungen.

3.4.3 Lotterie und Tombola

Veranstaltet ein steuerbegünstigter Verein Lotterien oder Ausspielungen (Tombola), die von der zuständigen Behörde (i. d. R. Regierungspräsidium) genehmigt oder für die eine allgemeine Erlaubnis erteilt worden ist, liegt ein steuerbegünstigter Zweckbetrieb vor, wenn die Überschüsse ausschließlich für gemeinnützige Zwecke verwendet werden (AEAO zu § 68 Nr. 6, Nr. 10).

Zu beachten ist, dass auch „allgemein erlaubte“ Ausspielungen vor der Veranstaltung anzeigepflichtig sind. Es ist deshalb jedem Verein dringend zu raten, sich rechtzeitig vor der Ausspielung mit dem für die Lotteriesteuer zuständigen Finanzamt in Verbindung zu setzen.

3.4.4 Vermietung von Sportanlagen

Die kurzzeitige Vermietung von Sportanlagen (z. B. Tennisplätze, Kegelbahnen, Schwimmbäder) an Mitglieder ist ein steuerbegünstigter Zweckbetrieb. Die Vermietung an Nichtmitglieder stellt dagegen einen steuerpflichtigen wirtschaftlichen Geschäftsbetrieb dar (AEAO zu § 67a, Nr. 12). Die Unterscheidung erfolgt ebenfalls bei der Vermietung von beweglichen Gegenständen (Golfschläger, Segelflugzeuge, Pferde).

Die entgeltliche Überlassung von Sportstätten und Betriebsvorrichtungen an ein Gastmitglied ist dem steuerpflichtigen wirtschaftlichen Geschäftsbetrieb zuzuordnen, wenn das Gastmitglied per Satzung nur eingeschränkte Rechte eingeräumt bekommt oder die Mitgliedschaft lediglich für einen kurzen Zeitraum (weniger als sechs Monate) eingegangen wird (AEAO zu § 67a, Nr. 12).

3.5 Sportliche Veranstaltungen

3.5.1 Allgemeines

Zu den sportlichen Veranstaltungen gehören

- Sportveranstaltungen eines Sportvereins, bei denen Eintrittsgelder, Teilnehmergebühren oder Startgelder (z. B. Volkslauf, Turniere etc.) erhoben werden. Dabei spielt es keine Rolle, ob die Teilnehmergebühren oder Startgelder von Mitgliedern oder Nichtmitgliedern erbracht werden (AEAO zu § 67a, Nr. 3).
- Sportkurse und Sportlehrgänge für Vereinsmitglieder und Nichtmitglieder (z. B. Tennis-, Reit- oder Skikurse, AEAO zu § 67a, Nr. 5).
- Sportreisen, wenn die sportliche Betätigung wesentlicher und notwendiger Bestandteil der Reise ist (z. B. Reisen zum Wettkampf, Trainingslager, Skikurs oder Vereinsmeisterschaft, AEAO zu § 67a, Nr. 4).

  Nicht zu den Sportreisen gehören Touristikreisen, bei denen die Erholung der Teilnehmer im Vordergrund steht (Skiausfahrt ohne Skikurs, Vereinsausflug), auch wenn anlässlich dieser Reise Sport getrieben wird. Diese sind nicht begünstigt, sondern steuerpflichtige wirtschaftliche Geschäftsbetriebe.
- Einnahmen aus Ablösezahlungen.

Die unentgeltlich durchgeführten Sportveranstaltungen (Jugend- und Jedermannsport) sind dem ideellen Bereich zuzuordnen.

Sportliche Veranstaltungen

Sportveranstaltung mit ▪ Eintritt ▪ Startgelder	**Sportkurse/ -lehrgänge** für Mitglieder und Nichtmitglieder	**Sportreisen,** wenn sportl. Betätigung wesentlicher Bestandteil der Reise	**Ablösezahlungen**

unentgeltliche Sportveranstaltung	**entgeltliche Sportveranstaltung**
Ideeller Bereich z. B. Jugend- / Breitensport	Zweckbetrieb oder steuerpflichtiger wirtschaftlicher Geschäftsbetrieb

In § 67a AO sind die sportlichen Veranstaltungen geregelt. Danach gilt folgende Rechtslage:

Übersteigen die jährlichen Einnahmen (Bruttoeinnahmen einschließlich Umsatzsteuer) aus allen sportlichen Veranstaltungen nicht

45.000 €

(bis 31.12.2012: 35.000 €, Zweckbetriebsgrenze), sind die Sportveranstaltungen grundsätzlich ein steuerbegünstigter Zweckbetrieb. Folge: keine Körperschaftsteuer- und Gewerbesteuerpflicht, Verwendung von Mitgliedsbeiträgen, Spenden und Zuschüssen sind möglich, Anwendung des § 3 Nr. 26 und Nr. 26a EStG (Übungsleiter- und Ehrenamtspauschale), ermäßigter USt-Satz.

Hinweis:

Es ist für die Zweckbetriebseigenschaft der sportlichen Veranstaltungen nicht schädlich, wenn bezahlte Sportler an diesen Sportveranstaltungen teilnehmen.

Übersteigen die Einnahmen aus Sportveranstaltungen die Zweckbetriebsgrenze von 45.000 € im Jahr, werden die Sportveranstaltungen – gleichgültig ob bezahlte oder unbezahlte Sportler daran teilgenommen haben – grundsätzlich dem steuerpflichtigen wirtschaftlichen Geschäftsbetrieb zugeordnet (Folge: Körperschaftsteuer- und Gewerbesteuerpflicht bei Überschüssen, keine Verwendung von Mitgliedsbeiträgen, Spenden oder Zuschüssen, keine Anwendung des § 3 Nr. 26 und Nr. 26a EStG, voller USt-Satz).

Von den vorgenannten Grundsätzen gibt es nur 2 Ausnahmen (§ 67a Abs. 3 AO):

1. Bei Überschreiten der Zweckbetriebsgrenze von 45.000 € kann durch eine Erklärung gegenüber dem zuständigen Finanzamt (Option) erreicht werden, dass alle Sportveranstaltungen ohne die Teilnahme bezahlter Sportler dem steuerbegünstigten Zweckbetrieb zugeordnet werden. Die Einnahmen aus diesen Sportveranstaltungen unterliegen dann nicht der Körperschaftsteuer und Gewerbesteuer, auch wenn sie 45.000 € übersteigen.
2. Übersteigen die Einnahmen bei sportlichen Veranstaltungen die Zweckbetriebsgrenze nicht, kann der Verein dennoch mit den Sportveranstaltungen, an denen bezahlte Sportler teilnehmen, für die Steuerpflicht optieren.

Tipp:

Dies wird der Verein nur dann tun, wenn er in dem steuerpflichtigen wirtschaftlichen Geschäftsbetrieb die 35.000 €-Besteuerungsgrenze (keine Erhöhung durch das Ehrenamtsstärkungsgesetz) bereits überschritten und Verluste aus den Sportveranstaltungen mit bezahlten Sportlern erzielt hat (Verrechnung).

Die Erklärung muss bis zur Unanfechtbarkeit (Bestandskraft) des Körperschaftsteuerbescheides des betreffenden Jahres erfolgen und bindet den Verein mindestens für 5 Jahre (§ 67a Abs. 2 Satz 2 AO), auch wenn sich in diesem Zeitraum die Option irgendwann steuerlich nachteilig auswirken sollte.

3.5.2 Übersicht bei Option für Zweckbetriebseigenschaft der sportlichen Veranstaltungen:

Steuerliche Behandlung entgeltlicher sportlicher Veranstaltungen

<table>
<tr><td colspan="3">Bruttoeinnahmen nicht mehr als 45.000 €</td></tr>
<tr><td>Einsatz unbezahlter Sportler</td><td colspan="2">Einsatz bezahlter Sportler</td></tr>
<tr><td>keine Optionsmöglichkeit

Folge:
Behandlung als Zweckbetrieb</td><td>keine Option

Folge:
Behandlung als Zweckbetrieb</td><td>Option

Folge:
Behandlung als stpfl. wirtschaftl. Geschäftsbetrieb</td></tr>
</table>

<table>
<tr><td colspan="3">Bruttoeinnahmen mehr als 45.000 €</td></tr>
<tr><td colspan="2">Einsatz unbezahlter Sportler</td><td>Einsatz bezahlter Sportler</td></tr>
<tr><td>Option

Folge:
Behandlung als Zweckbetrieb</td><td>keine Option

Folge:
Behandlung als stpfl. wirtschaftlicher Geschäftsbetrieb</td><td>keine Optionsmöglichkeit
Folge:
Behandlung als stpfl. wirtschaftlicher Geschäftsbetrieb</td></tr>
</table>

3.5.3 Anwendung des § 67a Abs. 3 AO

3.5.3.1 Allgemeines

Verzichtet der Verein auf die Anwendung des § 67a Abs. 1 AO, d. h. optiert er zum Zweckbetrieb oder zum steuerpflichtigen wirtschaftlichen Geschäftsbetrieb, gilt Folgendes: Nach § 67a Abs. 3 AO sind sportliche Veranstaltungen ein Zweckbetrieb, wenn an ihnen kein bezahlter Sportler teilnimmt. Nimmt mindestens ein bezahlter Sportler an einer sportlichen Veranstaltung teil, so ist diese dem steuerpflichtigen wirtschaftlichen Geschäftsbetrieb „sportliche Veranstaltungen“ zuzuordnen.

Als sportliche Veranstaltung ist bei allen Sportarten grundsätzlich der einzelne Wettbewerb anzusehen, der in einem engen örtlichen und zeitlichen Zusammenhang durchgeführt wird. In einer Meisterschaftsrunde stellt also jedes Spiel eine eigene sportliche Veranstaltung dar. Ein Turnier ist i. d. R. eine sportliche Veranstaltung. Wird jedoch für jedes Spiel gesondert Eintritt erhoben und werden die Einnahmen und Ausgaben für jedes Spiel gesondert ermittelt, stellt jedes Spiel eine eigene sportliche Veranstaltung dar. Bei Turnieren kommt es also auf die Gestaltung im Einzelfall an (AEAO zu § 67a Abs. 3, Nr. 24).

Bei der Anwendung von § 67a Abs. 3 AO ist die Höhe der Einnahmen oder Überschüsse aus sportlichen Veranstaltungen ohne Bedeutung für die Beurteilung als Zweckbetrieb oder wirtschaftlicher Geschäftsbetrieb (AEAO zu § 67a Abs. 3, Nr. 23). Handelt es sich bei der sportlichen Veranstaltung um Sportunterricht, ist die Bezahlung der Ausbilder unerheblich für die Beurteilung, ob ein Zweckbetrieb vorliegt (AEAO zu § 67a Abs. 3, Nr. 25).

Während bei der Anwendung von § 67a Abs. 1 AO immer entweder ein Zweckbetrieb oder ein wirtschaftlicher Geschäftsbetrieb „sportliche Veranstaltungen" vorliegt, sind bei Anwendung des § 67a Abs. 3 AO drei Situationen denkbar:

1. Der Sportverein fasst alle sportlichen Veranstaltungen in einem Zweckbetrieb „sportliche Veranstaltungen" zusammen, da er nur unbezahlte Sportler einsetzt.
2. Der Sportverein fasst alle sportlichen Veranstaltungen in einem wirtschaftlichen Geschäftsbetrieb „sportliche Veranstaltungen" zusammen, weil er bei jeder sportlichen Veranstaltung mindestens einen bezahlten Sportler einsetzt.
3. Der Sportverein hat sowohl einen Zweckbetrieb als auch einen wirtschaftlichen Geschäftsbetrieb „sportliche Veranstaltungen". Dies ist der Fall, wenn der Sportverein sowohl sportliche Veranstaltungen, an denen nur unbezahlte Sportler teilnehmen, als auch sportliche Veranstaltungen, an denen bezahlte Sportler teilnehmen, durchführt. In diesem Fall spielt die Beurteilung der einzelnen Spiele einer Meisterschaftsrunde als eigene sportliche Veranstaltungen eine entscheidende Rolle.

3.5.3.2 Sportler des Vereins

Für die Beurteilung, ob ein Sportler bei einer sportlichen Veranstaltung als bezahlter Sportler anzusehen ist, muss zwischen „Sportlern des Vereins“ (§ 67a Abs. 3 Satz 1 Nr. 1 AO) und „anderen Sportlern“ (§ 67a Abs. 3 Satz 1 Nr. 2 AO) unterschieden werden. Als Sportler des Vereins gelten alle Sportler, die sich für den Verein sportlich betätigen. Vereinssportler sind also nicht nur die aktiven Mitglieder des Sportvereins, sondern auch sämtliche Sportler, die, ohne formell Mitglied zu sein, für den Sportverein z. B. in einer Vereinsmannschaft auftreten (AEAO zu § 67a Abs. 3, Nr. 31).

Ein Vereinssportler gilt als unbezahlter Sportler, wenn er für seine sportliche Betätigung oder für die Benutzung seiner Person, seines Namens, seines Bildes oder seiner sportlichen Betätigung zu Werbezwecken von dem Verein oder einem Dritten über eine Aufwandsentschädigung hinaus keine Vergütungen oder andere Vorteile erhält (§ 67a Abs. 3 Satz 1 Nr. 1 AO).

Mäzene und Sponsoren des Vereins, andere Sportvereine sowie Unternehmen sind als Dritte anzusehen. Aufwandsentschädigungen, Startgelder, Preisgelder, Punkte- und Aufstiegsprämien sind Vergütungen i. S. d. § 67a Abs. 3 Satz 1 Nr. 1 AO. Auch Gelder, die der Sportler für seine Werbetätigkeit erhält, zählen zu den Vergütungen. Als Aufwandsentschädigung gilt der Ersatz von Aufwendungen, die Werbungskosten/Betriebsausgaben (z. B. Fahrtkosten, Verpflegungsmehraufwendungen, Sportkleidung usw.) sind. Unter anderen Vorteilen sind Sachzuwendungen (z. B. Schmuckstücke, Urlaubsreisen, Kfz-Gestellung, Werbegeschenke, Kleider usw.) zu verstehen. Es spielt keine Rolle, ob die Vergütungen laufend oder zum Saisonende ausgezahlt werden. Für die Beurteilung, ob die Vergütungen über eine Aufwandsentschädigung hinausgehen, sind alle Vergütungen, die ein Sportler in einem Jahr für seine sportliche Betätigung und als Werbeträger erhält, insgesamt maßgebend. Was der Vereinssportler anlässlich einer einzelnen Veranstaltung erhält, spielt keine Rolle.

Erhält ein Vereinssportler nur eine Aufwandsentschädigung und werden die Aufwendungen einzeln nachgewiesen, so ist dieser Sportler als unbezahlter Sportler anzusehen. Es spielt hierbei keine Rolle, wie hoch die Aufwandsentschädigung ist. Werden die Aufwendungen nicht einzeln nachgewiesen, so sind Zahlungen bis zu 400 € pro Monat im Jahresdurchschnitt, die ein Vereinssportler für seine gesamte sportliche Betätigung und als Werbeträger erhält, als pauschale Aufwandsentschädigung anzusehen (AEAO zu § 67a Abs. 3, Nr. 32). Ein Vereinssportler, der pro Jahr eine pauschale Aufwandsentschädigung bis zu 4.800 € erhält, ist also als unbezahlter Sportler anzusehen.

Unbezahlte Sportler, die mit bezahlten Sportlern in der gleichen Mannschaft spielen, werden dadurch nicht selbst zu bezahlten Sportlern (AEAO zu § 67a Abs. 3, Nr. 37).

Der veranstaltende Sportverein setzt keine bezahlten Sportler ein, wenn bezahlte Sportler an seiner sportlichen Veranstaltung teilnehmen, die weder als Vereinssportler anzusehen sind noch unmittelbar oder mittelbar von ihm bezahlt werden. Solche Sportler können z. B. bezahlte Sportler des Gastvereins sein, die vom Gastverein anlässlich eines Freundschafts-, Pokal- oder Meisterschaftsspiels eingesetzt werden.

Hinweis:

Ein Spielertrainer gilt als unbezahlter Sportler, wenn er für seine Trainertätigkeit bezahlt wird und für seine Spielertätigkeit nicht mehr als eine Aufwandsentschädigung erhält (AEAO zu § 67a Abs. 3, Nr. 36).

3.5.3.3 Anderer Sportler

Ein anderer Sportler ist ein vereinsfremder Sportler. Als solche sind vor allem vereinsfremde Einzelsportler anzusehen, die im Rahmen von nationalen und internationalen Sportfesten und Meisterschaften auftreten.

Achtung:

Die Aufwandspauschale von 400 € je Monat im Jahresdurchschnitt gilt nicht für vereinsfremde Sportler. Deshalb kann bereits die Zahlung eines Preisgeldes von 300 €, das über die Aufwandsentschädigung hinausgeht, einen steuerpflichtigen wirtschaftlichen Geschäftsbetrieb begründen (AEAO zu § 67a Abs. 3, Nr. 33).

Ein vereinsfremder Sportler ist ein unbezahlter Sportler, wenn er für die Teilnahme an der sportlichen Veranstaltung nicht mehr als eine reine Aufwandsentschädigung vom veranstaltenden Verein oder einem Dritten im Zusammenwirken mit dem veranstaltenden Verein erhält. Zahlungen, die ein vereinsfremder Sportler von einem Dritten (z. B. einem anderen Sportverein) ohne Zusammenwirken mit dem veranstaltenden Verein erhält, spielen keine Rolle. Es dürfen nur die tatsächlichen Aufwendungen des Sportlers für die Teilnahme an der Veranstaltung erstattet werden, deshalb ist ein Einzelnachweis der Aufwendungen erforderlich.

Sportler, die einem bestimmten Sportverein angehören und die nicht selbst Mitglieder eines Sportverbandes sind, werden bei der Beurteilung der Zwecksbetriebseigenschaft von Veranstaltungen des Verbandes als andere Sportler i. S. d. § 67a Abs. 3 Satz 1 Nr. 2 AO angesehen. Erhält der Sportler für die Teilnahme an einer sportlichen Veranstaltung eines Sportverbandes (z. B. Länderspiele) eine Vergütung von seinem Sportverein, so ist diese Vergütung als Zahlung von einem Dritten im Zusammenwirken mit dem Verband zu beurteilen (AEAO zu § 67a Abs. 3, Nr. 38). Hierbei wird unterstellt, dass zwischen dem Verein und dem Verband zumindest ein bestimmtes Einvernehmen über die Vergütung an den Sportler für den Verbandseinsatz besteht.

3.5.3.4 Zuwendungen an Spitzensportler

Zuwendungen der Stiftung Deutsche Sporthilfe, Frankfurt, und vergleichbarer Einrichtungen an Spitzensportler sind in der Regel als Ersatz von besonderen Aufwendungen der Spitzensportler für ihren Sport anzusehen. D. h., dass diesen Zuwendungen Aufwendungen in gleicher Höhe gegenüberstehen. Diese Zuwendungen sind deshalb nicht auf die Aufwandspauschale von 400 € je Monat im Jahresdurchschnitt anzurechnen.

Weisen Sportler die tatsächlichen Aufwendungen nach, so muss sich der Nachweis auch auf die Aufwendungen erstrecken, die den Zuwendungen der Stiftung Deutsche Sporthilfe und vergleichbarer Einrichtungen gegenüberstehen (AEAO zu § 67a Abs. 3, Nr. 34).

3.5.3.5 Kostenzuordnung beim Einsatz bezahlter Sportler

Gilt ein Sportler in einem Jahr (Kalenderjahr oder abweichendes Wirtschaftsjahr) als bezahlter Sportler, sind bei Anwendung von § 67a

Abs. 3 AO alle sportlichen Veranstaltungen dieses Jahres, an denen der Sportler teilnimmt, dem wirtschaftlichen Geschäftsbetrieb „sportliche Veranstaltungen“ zuzuordnen. Da erst am Ende des Jahres feststeht, ob ein Sportler als bezahlter Sportler anzusehen ist, kommt es für die Zuordnung der einzelnen sportlichen Veranstaltungen zum stpfl. wirtschaftlichen Geschäftsbetrieb nicht darauf an, ob der Sportler die Merkmale des bezahlten Sportlers bereits zum Zeitpunkt der sportlichen Veranstaltung erfüllt (AEAO zu § 67a Abs. 3, Nr. 26).

Da gemäß § 67a Abs. 3 Satz 3 AO die Vergütungen und anderen Vorteile in vollem Umfang aus stpfl. wirtschaftlichen Geschäftsbetrieben oder von Dritten geleistet werden müssen, ist eine Aufteilung der Vergütungen nicht zulässig. Deshalb ist es bei der steuerlichen Gewinnermittlung nicht erlaubt, Vergütungen an bezahlte Sportler bis zu 4.800 € pro Jahr dem Zweckbetriebsbereich zuzuordnen, und nur den übersteigenden Betrag im stpfl. wirtschaftlichen Geschäftsbetrieb „sportliche Veranstaltungen“ zu erfassen (AEAO zu § 67a Abs. 3, Nr. 27).

Werden in einem wirtschaftlichen Geschäftsbetrieb „sportliche Veranstaltungen“ i. S. d. § 67a Abs. 3 Satz 2 AO sowohl unbezahlte als auch bezahlte Sportler eingesetzt, sind alle Kosten (Aufwandsentschädigungen an unbezahlte Sportler, Vergütungen der bezahlten Sportler, Trainingskosten, usw.) im Zusammenhang mit diesen Veranstaltungen grundsätzlich als Ausgaben des wirtschaftlichen Geschäftsbetriebs zu behandeln (AEAO zu § 67a Abs. 3, Nr. 30).

Hat der Sportverein durch Anwendung von § 67a Abs. 3 AO sowohl einen Zweckbetrieb als auch einen stpfl. wirtschaftlichen Geschäftsbetrieb „sportliche Veranstaltungen“, müssen die Ausgaben (z. B. Trainingskosten) den beiden Betrieben sachgerecht (ggf. im Wege der Schätzung) zugeordnet werden. Da in einer Mannschaft sowohl unbezahlte als auch bezahlte Sportler eingesetzt werden können, und da die bezahlten Sportler in einer Mannschaft eventuell nicht immer eingesetzt werden, können sich erhebliche Zuordnungsprobleme ergeben. Ausgaben, die dem Zweckbetrieb „sportliche Veranstaltungen“ eindeutig und ausschließlich zugeordnet werden können, dürfen den Gewinn des stpfl. wirtschaftlichen Geschäftsbetriebs nicht mindern.

Allerdings wird den Vereinen bei der Behandlung der Kosten für unbezahlte Sportler ein Wahlrecht eingeräumt. Aufwandsentschädigungen für unbezahlte Sportler können aus Vereinfachungsgründen durch Mittel des ideellen Bereichs abgedeckt werden. Sie stellen dann keine

Ausgaben des stpfl. wirtschaftlichen Geschäftsbetriebs „sportliche Veranstaltungen“ dar (AEAO zu § 67a Abs. 3, Nr. 28).

3.5.3.6 ABC der Zweckbetriebe:

- Abzeichen für kulturelle und sportliche Veranstaltungen im Zweckbetrieb
- Altenheime, Altenpflegeheime, § 68 Nr. 1a AO
- Altkleidersammlungen, wenn die Sammlungen für sog. Kleiderkammern durchgeführt werden (FG Düsseldorf vom 30.6.1981, EFG 1982 S. 203)
- Angelkartenverkauf an Mitglieder
- Auftragsforschung durch gemeinnützige Forschungseinrichtungen im Rahmen des § 68 Nr. 9 AO
- Auftritte von Sport- oder Musikvereinen bei begünstigten und nicht begünstigten Veranstaltungen
- Beförderung behinderter Personen ist als Einrichtung der Wohlfahrtspflege nach § 66 AO auch dann ein Zweckbetrieb, wenn dafür keine Spezialfahrzeuge erforderlich sind. Voraussetzung ist aber, dass die Beförderung wegen der Hilfsbedürftigkeit der Personen geschieht.
- Behindertenwerkstätten, § 68 Nr. 3 AO
- Beiträge von Mitgliedern, unechte
- Blindenwerkstätten, § 68 Nr. 4 AO
- Dialyse-Vereine können einen Zweckbetrieb begründen (OFD Frankfurt vom 30.3.1993, DB 1993 S.1116)
- Druckschriftenverkauf durch einen Friedensverein (BFH vom 23.11.1988, BStBl II 1989 S.391)
- Einrichtungen, die Veranstaltungen wissenschaftlicher oder belehrender Art durchführen (§ 68 Nr. 8 AO)
- Einsatz eines DRK-Verpflegungszuges bei öffentlichen Veranstaltungen wie Laufmarathon, Jugendzeltlager etc. (FG Baden-Württemberg vom 9.4.1987, EFG S. 527)
- Eintrittsgelder für
    - Botanische Gärten
    - Denkmale
    - Kulturelle Veranstaltungen und Einrichtungen
    - Museen
    - Schwimmbäder (auch für Nichtmitglieder)
    - Sportliche Veranstaltungen im Zweckbetrieb
    - Wissenschaftliche Vorträge
    - Zoologische Gärten
- Erstattung von Vorsteuer, die auf den Zweckbetrieb entfällt

- Fasnachtsumzüge, Eintritt
- Fernsehübertragungsrechte für Veranstaltungen im Zweckbetrieb
- Flugrettungsdienste, die sowohl Primärflüge (Notfalleinsätze) als auch Sekundärflüge (z. B. Rückholung von Kranken aus dem Ausland) gegen Entgelt durchführen.
- Genehmigungen zur Durchführung von Wettkampfveranstaltungen (BMF vom 5.10.1990, BStBl I S. 649)
- Handwerksbetriebe und landwirtschaftliche Betriebe, die von einer gemeinnützigen Fürsorgeanstalt zur Durchführung von Erziehungsaufgaben unterhalten werden (RFH vom 4.10.1938, RStBl 1939 S. 92)
- Heilbäder, wenn sich diese auf die Verabreichung von ärztlich verordneten Bädern und Massagen sowie den notwendigen Nebenleistungen beschränken
- Jugendherbergen, § 68 Nr. 1b AO
- Jugendreisen, an denen nur Jugendliche bis zu 18 Jahren teilnehmen, weil mit der Reise auch eine erzieherische Bedeutung verbunden ist. Bei Reisen mit Jugendlichen über 18 Jahren hängt nach Auffassung der Finanzverwaltung die Anerkennung als Zweckbetrieb von der Ausgestaltung ab. Dient die Reise lediglich der Erholung oder kann der Urlaub von den Teilnehmern frei gestaltet werden, so liegt kein Zweckbetrieb vor.
- Karnevalssitzungen und Rosenmontagszüge von Karnevalsvereinen
- Kindergärten, § 68 Nr. 1b AO
- Kleiderkammern oder Katastrophenlager, in denen in erster Linie Textilien zur Verwendung für steuerbegünstigte Zwecke gesammelt und nur die unbrauchbaren Altkleider verkauft werden
- Konzertreisen (nicht wenn Freizeitgestaltung im Vordergrund steht)
- Krankenhäuser, § 67 AO
- Krankentransporte mit Krankenwagen durch Sanitätsorganisationen. Werden jedoch Krankenfahrten für solche Personen durchgeführt, bei denen der Arzt eine Beförderung mit einem Pkw, Taxi oder Mietwagen verordnet hat, liegt nach Auffassung der Finanzverwaltung ein für die Annahme eines Zweckbetriebs schädlicher Wettbewerb vor.
- Kulturelle Einrichtungen und Veranstaltungen, § 68 Nr. 7 AO
- Kursgebühren
- Lotterien, § 68 Nr. 6 AO
- Mahlzeitendienste für Personen i. S. d. § 53 AO, § 68 Nr. 1a AO Mensa- und Cafeteria-Betriebe von Studentenwerken
- Schullandheime, § 68 Nr. 1b AO
- Seminargebühren

- Speiseanstalt zur Versorgung Minderbemittelter mit billiger Verpflegung (RFH vom 24.9.1937, RStBl S. 1104)
- Sportreisen (nicht wenn Freizeitgestaltung im Vordergrund steht)
- Startgelder für sportliche Veranstaltungen im Zweckbetrieb
- Studentenheime, § 68 Nr. 1b AO
- Studienreisen der Volkshochschulen, wenn die Reise Bestandteil von Vortragsveranstaltungen und Seminaren ist, § 68 Nr. 8 AO
- Tombola, § 68 Nr. 6 AO
- Überlassung von Sportanlagen an Mitglieder
- Verkaufserlöse aus im Zweckbetrieb genutzten Wirtschaftsgütern
- Verkauf von Wohlfahrtsbriefmarken durch Wohlfahrtsvereine wird von der Finanzverwaltung aus sachlichen Billigkeitsgründen nicht als steuerpflichtiger wirtschaftlicher Geschäftsbetrieb, sondern als Zweckbetrieb beurteilt
- Verkauf von Vereinszeitschriften/Jubiläumsschriften hinsichtlich des redaktionellen Teils
- Verkauf von im Zweckbetrieb genutzten gebrauchten Sportgeräten
- Verleih von Sportgeräten an Mitglieder
- Vermietung von Sportstätten auf kurze Dauer an Vereinsmitglieder
- Vertrieb der von Kriegsblinden selbst gefertigten Erzeugnisse durch einen Kriegsblindenverein (RFH vom 28.1.1939, RStBl S.545)
- Vortrags- und Seminarveranstaltungen zur Verwirklichung steuerbegünstigter Zwecke (BFH vom 23.10.1991, BStBl II 1992 S.62)
- Wohlfahrtspflege, § 66 AO

3.6 Steuerpflichtige wirtschaftliche Geschäftsbetriebe

Wirtschaftliche Betätigungen eines steuerbegünstigten Vereins, die nicht als Zweckbetriebe angesehen werden können, unterliegen grundsätzlich der Körperschaft- und Gewerbesteuer. Bei diesen Geschäftsbetrieben wird unter dem Gesichtspunkt der Wettbewerbsneutralität des Steuerrechts eine steuerliche Begünstigung nicht für vertretbar gehalten.

Als steuerpflichtige wirtschaftliche Geschäftsbetriebe sind insbesondere folgende Betätigungen und Einrichtungen zu behandeln:

- Selbstbewirtschaftete Vereinsgaststätte, Kantinen, Casinos, Cafeterias, Getränkeautomaten, Wander- und Übernachtungsheime, auch wenn die Leistungen ausschließlich oder überwiegend Vereinsmitgliedern angeboten werden;
- Vereinsfeste (z. B. Faschingsbälle, Wein- und Bierfeste, Dorffeste, Sommerfeste, Discos, Tanzveranstaltungen, Nikolaus- oder Weih-

nachtsfeiern), auch wenn nur Mitglieder an diesen Veranstaltungen teilnehmen;
- Selbstbetriebene Werbung.

Eine Form der Werbung stellt die Pkw-Werbung dar. Dabei schließt eine GmbH mit Unternehmen Werbeverträge ab. Die Werbung erfolgt auf Karosserien von eigens dafür angeschafften Fahrzeugen (Pkw, Kleinbus). Damit die Fahrzeuge werbewirksam bewegt werden, werden sie gemeinnützigen Vereinen kostenlos zur Verfügung gestellt (mit besonderem Überlassungsvertrag). Die Vereine haben nur die Betriebskosten zu tragen. Nach Ablauf der Werbeverträge (i. d. R. nach fünf Jahren) geht das Eigentum an den Fahrzeugen unentgeltlich auf die Vereine über. In Einzelfällen wird der Verein auch sofort zivilrechtlicher Eigentümer des überlassenen Fahrzeugs.

Die Nutzung des Fahrzeugs durch den Verein führt bei diesem zur Annahme eines steuerpflichtigen wirtschaftlichen Geschäftsbetriebs, wenn der Verein vertraglich verpflichtet ist, das Fahrzeug über den zu eigenen Zwecken notwendigen Umfang hinaus einzusetzen oder werbewirksam abzustellen (OFD Frankfurt/M. vom 16.1.1997). Wie im Falle der entgeltlichen Übertragung des Rechts zur Nutzung von Werbeflächen auf der Sportkleidung (verpachtete Trikotwerbung) leistet der Verein durch die werbewirksame Nutzung des Fahrzeugs einen wesentlichen und aktiven Beitrag zum Erfolg der Werbemaßnahmen, der den Rahmen der Vermögensverwaltung überschreitet.

Geht das Fahrzeug sofort in das (zivilrechtliche und/oder wirtschaftliche) Eigentum des Vereins über, ist bei der Gewinnermittlung nach § 4 Abs. 3 EStG beim nutzenden Verein im Jahr des Zuflusses/der Übergabe der gemeine Wert als Einnahme im steuerpflichtigen wirtschaftlichen Geschäftsbetrieb „Werbung“ anzusetzen. Wird das Fahrzeug hingegen z. B. erst nach fünf Jahren an den Verein übereignet, gehören zunächst die ersparten Aufwendungen (geldwerte Vorteile) zu den Betriebseinnahmen im wirtschaftlichen Geschäftsbetrieb und zusätzlich später der dann aktuelle gemeine Wert des Fahrzeugs im Zeitpunkt des Übergangs auf den Verein. Zu den ersparten Aufwendungen gehört nur die jährliche AfA für das Fahrzeug, wenn der Verein die übrigen Kosten (Steuer, Versicherungen, Betriebs- und Reparaturkosten) selbst tragen muss. Von den anzusetzenden (Betriebs-)Einnahmen können beim Verein als Betriebsausgaben im wirtschaftlichen Geschäftsbetrieb „Werbung“ die tatsächlichen mit der Werbetätigkeit zusammenhängenden Ausgaben abgezogen werden. § 64 Abs. 6 AO ist ebenfalls anwendbar.

Hinweis:

Zu der steuerlichen Behandlung des Sponsorings s. AEAO zu § 64 Abs. 1 Nr. 7 - 10 sowie das DWS-Merkblatt Nr. 1611 „Sponsoring steuerlich optimal gestalten".

- Verkauf gespendeter oder gesammelter Sachen, z. B. Verkauf von Hand- und Bastelarbeiten oder von selbst zubereiteten Speisen und Getränken bei Wohltätigkeitsbazaren, Flohmärkten und Straßenfesten;
- Verkauf gesammelter Altmaterialien (Papier, Kleidung, Altglas, Altmetall). Bei Altmaterialsammlungen gilt allerdings eine Sonderregelung. Nach § 64 Abs. 5 AO können Überschüsse aus der Verwertung unentgeltlich erworbenen Altmaterials außerhalb einer ständig dafür vorgehaltenen Verkaufsstelle in Höhe des branchenüblichen Reingewinns geschätzt werden. Diese Vorschrift ist jedoch nur dann anzuwenden, wenn die Besteuerungsgrenze i. H. v. 35.000 € überschritten ist. Der branchenübliche Reingewinn ist bei der Verwertung von Altpapier mit 5 %, bei der Verwertung von anderem Altmaterial mit 20 % der Einnahmen anzusetzen. Zu den maßgeblichen Einnahmen gehört nicht die im Bruttopreis enthaltene Umsatzsteuer.

3.6.1 ABC der steuerpflichtigen wirtschaftlichen Geschäftsbetriebe

Folgende Betätigungen werden dem steuerpflichtigen wirtschaftlichen Geschäftsbetrieb zugeordnet:

- Altmaterialsammlungen
- Angelkartenverkauf an Nichtmitglieder
- Anzeigen- und Inseratengeschäft in einer Vereinszeitschrift oder Festschrift
- Basare
- Beschaffungsstellen
- Besichtungsentgelte von Aussichtstürmen (Schlösser und Kirchen sind Zweckbetriebe; strittig)

- Beteiligung an einer gewerblichen Personengesellschaft oder an einer Festgemeinschaft
- Beteiligung an einer Kapitalgesellschaft bei Einfluss auf die laufende Geschäftsführung oder im Rahmen der Betriebsaufspaltung
- Bewirtung bei kulturellen und sportlichen Veranstaltungen
- Bewirtung bei Festveranstaltungen
- Bewirtung in Gaststätten, Festzelten, Casinos, Wander- und Übernachtungsheimen
- Bootsbergung durch Lebensrettungsorganisation
- Dritte-Welt-Läden
- Gesellige Veranstaltungen
- Getränkeautomaten
- Jubiläumsveranstaltungen
- Kirmesveranstaltungen
- Kommunikationszentren in Form von Cafés, Teestuben oder Kneipen
- Krankenhausapotheken
- Maskenbälle
- Pferdepension
- Rückvergütung für Getränkeabnahmeverpflichtungen in der selbstbetriebenen Vereinsgaststätte
- Sponsoring (unter bestimmten Voraussetzungen auch ideeller Bereich oder Zweckbetrieb)
- Sportveranstaltungen mit Einnahmen über 45.000 € und ohne Option zum Zweckbetrieb
- Sportveranstaltungen mit bezahlten Sportlern und Einnahmen über 45.000 € mit Option zum Zweckbetrieb
- Sportveranstaltungen mit bezahlten Sportlern und Einnahmen unter 45.000 € mit Option zum steuerpflichtigen wirtschaftlichen Geschäftsbetrieb
- Tanzveranstaltungen
- Touristikreisen
- Totalisatorbetrieb eines gemeinnützigen Pferdesportvereins
- Trikotwerbung
- Überlassung von Sportanlagen an Nichtmitglieder
- Überlassung von Sportgeräten an Nichtmitglieder
- Vereinsausflug
- Vereinsfeste
- Vereinsgaststätte, selbstbewirtschaftet
- Verkauf von
    - Ansichtskarten, Dias, Poster
    - gebrauchten Wirtschaftsgütern aus dem steuerpflichtigen wirtschaftlichen Geschäftsbetrieb

    - gespendeten oder gesammelter Sachen (Basare, Flöhmärkte, Straßenfeste)
    - Kalender
    - neuen Wirtschaftsgütern (Sportgeräte, Musikinstrumente etc.)
    - Speisen und Getränken
- Vermietung von
    - Ausstellungsflächen auf Messen oder Kongressen
    - beweglichem Vereinsvermögen
    - Räumen für kurze Dauer
- Vermittlung von Versicherungsschutz
- Verwaltung einer fremden Sporthalle
- Waldfeste
- Werbung, selbstbetriebene
- Zentraleinkauf durch Wohlfahrtsverbände und Weiterverkauf des Ausrüstungsbedarfs (z. B. Medizin, Zelte, Krankenliegen etc.) an Landes- und Ortsverbände
- Zentrale Gehaltsabrechnungs- und Buchstellen
- Zentralwäschereien von steuerbegünstigten Krankenhäusern
- Zuwendungen der Sportartikelindustrie im Rahmen von Werbemaßnahmen

3.7 Die Besteuerung steuerpflichtiger wirtschaftlicher Geschäftsbetriebe

Nach § 64 Abs. 2 Abgabenordnung gelten mehrere steuerpflichtige wirtschaftliche Geschäftsbetriebe als ein steuerpflichtiger wirtschaftlicher Geschäftsbetrieb. Dies bedeutet, dass zunächst einmal alle Einnahmen aller wirtschaftlichen Geschäftsbetriebe zusammenzurechnen sind. Verluste sind abzuziehen.

Der steuerpflichtige wirtschaftliche Geschäftsbetrieb eines Vereins unterliegt nicht der Körperschaft- und Gewerbesteuer, wenn die Gesamteinnahmen, einschließlich Umsatzsteuer, im Kalenderjahr

35.000 €

nicht überschreiten (Besteuerungsfreigrenze – § 64 Abs. 3 AO).

Übersteigen die Bruttoeinnahmen 35.000 € im Jahr, so ist eine Überschuss-/Gewinnermittlung durchzuführen, wobei zunächst alle Überschüsse/Gewinne der einzelnen steuerpflichtigen wirtschaftlichen Geschäftsbetriebe zusammenzurechnen und etwaige Verluste abzuziehen sind.

Zu den Einnahmen gehören nach AEAO zu § 64 Abs. 3, Nr. 15 leistungsbezogene Einnahmen einschließlich der Umsatzsteuer aus dem laufenden Geschäft, wie Einnahmen aus dem Verkauf von Speisen und Getränken. Dazu zählen auch erhaltene Anzahlungen.

Nicht zu den Einnahmen i. S. d. § 64 Abs. 3 AO gehören:

- der Erlös aus der Veräußerung von Wirtschaftsgütern des Anlagevermögens des steuerpflichtigen wirtschaftlichen Geschäftsbetriebs;
- Betriebskostenzuschüsse sowie Zuschüsse für die Anschaffung oder Herstellung von Wirtschaftsgütern des steuerpflichtigen wirtschaftlichen Geschäftsbetriebs;
- Investitionszulagen;
- der Zufluss von Darlehen;
- Entnahmen i. S. d. § 4 Abs. 1 EStG;
- die Auflösung von Rücklagen;
- erstattete Steuern, z. B. Gewerbe- oder Umsatzsteuer;
- Versicherungsleistungen mit Ausnahme des Ersatzes von leistungsbezogenen Einnahmen.

Hinweis:

Die Einzelheiten der Überschuss-/Gewinnermittlung sowie die Besteuerung mit Körperschaft- und Gewerbesteuer ergibt sich aus den Textziffern 4 und 5.

3.8 Gestaltungsmöglichkeiten

Kleine und auch mittelgroße Vereine können durch legale Steuergestaltungen die Zahlung von Körperschaft- und Gewerbsteuer vermeiden. Hierbei ist zu beachten, dass die Gestaltungen auch zivilrechtlich wirksam durchgeführt werden. Strohmannverhältnisse, Scheinverträge oder Steuerumgehungen i. S. d. § 42 AO werden von der Finanzverwaltung nicht anerkannt.

3.8.1 Wenig erfolgreiche Gestaltungen

Keine oder nur geringe steuerliche Entlastung bringen folgende Gestaltungsmöglichkeiten:

- Durchführung von Veranstaltungen durch die Abteilungen
  Funktionale Untergliederungen gelten nicht als selbständige Steuersubjekte (§ 51 Satz 3 AO). Die Einnahmen und Überschüsse der Abteilungen werden dem Verein zugerechnet.

- Aufspaltung des Vereins in mehrere eingetragene Vereine
  Die Aufteilung eines Vereines in mehrere selbständige Vereine zur mehrfachen Inanspruchnahme der Freigrenze von 35.000 € gilt als Missbrauch von rechtlichen Gestaltungsmöglichkeiten nach § 42 AO (§ 64 Abs. 4 AO). Der Freibetrag von 5.000 € nach § 24 KStG wird aber gewährt.

- Verpachtung von Festveranstaltungen
  Wird einem Festwirt erlaubt, bei einer Veranstaltung des Vereins zu bewirten und erhält der Verein hierfür ein Entgelt, ist dieses nicht im Bereich Vermögensverwaltung, sondern im steuerpflichtigen wirtschaftlichen Geschäftsbetrieb zu erfassen. Allerdings ist in die Besteuerungsfreigrenze nicht der Umsatz des Festwirts, sondern nur die Provision einzubeziehen.

  Eine Einnahme in der Vermögensverwaltung liegt allerdings dann vor, wenn

  - der Pächter allein das wirtschaftliche Risiko trägt, d. h. der Verein nicht für Verluste einstehen muss und die Pacht auch nicht gewinnabhängig ist,

    und

  - der Verein nicht aktiv zur Leistungserbringung durch den Pächter beiträgt, d. h. dem Pächter kein Personal bereitstellt (Ausnahme: Auf- und Abbau von Zelten sowie Stellen der Musik).

- Zahlung von Aushilfslöhnen
  Aufgrund der Neuregelung der Minijobs ab 1.4.2003 war bis 2007 die Zahlung von Aushilfslöhnen als Steuergestaltungsmodell interessant, ab 2008 ist diese Gestaltung bei einem Ertragsteuer-Satz von ca. 30 % i. d. R. nicht mehr zu empfehlen.

3.8.2 Erfolgreiche Gestaltungen

- Verpachtung der Werbung und der Vereinsgaststätte
  Pachterträge sind in der Vermögensverwaltung zu erfassen. Dadurch ergibt sich eine erhebliche Entlastung bei der Besteuerungsfreigrenze (Einzelheiten s. Tz. 3.3).

- Durchführung von Veranstaltungen durch mehrere Vereine (GdbR)
  Jedem Verein werden zwar die anteiligen Umsätze und bei Überschreiten der 35.000 €–Freigrenze die anteiligen Überschüsse zugerechnet. Da jedoch die GdbR hinsichtlich Umsatz- und Gewerbesteuer selbständiges Steuersubjekt ist, können sich bei Anwendung der Kleinunternehmerregelung gem. § 19 Abs. 1 UStG und bei Unterschreiten des Freibetrages von 24.500 € gem. § 11 Abs. 1 Nr. 1 GewStG Vorteile ergeben.

- Keine Durchführung von Veranstaltungen oder Geschäften ohne zu erwartenden Überschuss
  Veranstaltungen, bei denen kein Überschuss erwartetet wird oder geplant ist (z. B. Vereinsausflüge), sollte nicht der Verein, sondern z. B. ein Unternehmer durchführen. Ebenso belastet der Verkauf von Sportkleidung an die Mitglieder nur die Besteuerungsfreigrenze, bringt aber für den Verein i. d. R. keinen finanziellen Vorteil.

- Verkauf im Namen von Dritten
  Bei Skibasaren oder sonstigem Verkauf von angelieferten gebrauchten Sachen ist darauf zu achten, dass der Verein nicht als Verkäufer sondern nur als Vertreter auftritt. Es ist deshalb ein gut sichtbares Plakat anzubringen „Wir verkaufen im Namen und auf Rechnung unserer Anlieferer“. Der Verein hat in diesem Falle nur die Provision aber nicht den Umsatz zu erfassen.

- Auslagerung von wirtschaftlichen Tätigkeiten auf einen Förderverein
  Hat eine Körperschaft die satzungsmäßige Aufgabe, für die Verwirklichung steuerbegünstigter Zwecke durch eine andere Körperschaft oder eine juristische Person des öffentlichen Rechts finanzielle Mittel zu beschaffen, so kann diese Körperschaft (Förderverein, Spendensammelverein) nach § 58 Nr. 1 AO als steuerbegünstigt (gemeinnützig) anerkannt werden. Ein Förderverein muss in der Satzung lediglich seinen Zweck (z. B. Förderung des Sports oder Kultur) benennen. Die Angabe der „geförderten” Körperschaft ist nicht (mehr) erforderlich.

Für den Förderverein i. S. d. § 58 Nr. 1 AO gilt das Erfordernis der „Ausschließlichkeit", d. h. seine Steuerbegünstigung/Gemeinnützigkeit hängt entscheidend davon ab, dass nach der tatsächlichen Geschäftsführung die ideelle Zweckverwirklichung (z. B. Sammeln von Spenden, Öffentlichkeitsarbeit/Werbung für den geförderten Zweck bzw. die geförderte Körperschaft) evtl. wirtschaftliche Tätigkeiten und gesellige Veranstaltungen (weit) überwiegt.

Die Finanzverwaltung vertrat bis 2011 hierzu folgende Meinung:

- Waren bei einem Förderverein die Einnahmen aus steuerbegünstigten Tätigkeiten (z. B. Spenden, Mitgliedsbeiträge und Aufnahmegebühren) höher (mehr als 50 %) als die Einnahmen aus wirtschaftlichen Geschäftsbetrieben, bestanden gegen die Anerkennung der Gemeinnützigkeit grundsätzlich keine Bedenken.
- Betrugen die steuerbegünstigten Einnahmen zwar mehr als 10 %, aber nicht mehr als 50 % der Einnahmen im wirtschaftlichen Geschäftsbetrieb, war die Anerkennung der Gemeinnützigkeit möglich, wenn der Förderverein glaubhaft machte, dass die steuerbegünstigten Tätigkeiten die wirtschaftliche Betätigung zeitlich bei weitem überwiegen und dem Förderverein das Gepräge gaben.
  In beiden Fällen kam die Vorschrift des § 64 Abs. 4 AO grundsätzlich nicht in Betracht, denn die Gründung eines Fördervereins stellt keine Aufteilung einer Körperschaft dar.
- Betrugen die steuerbegünstigten Einnahmen nicht mehr als 10 % der Einnahmen im wirtschaftlichen Geschäftsbetrieb, war hingegen im Allgemeinen davon auszugehen, dass der wirtschaftliche Geschäftsbetrieb den Förderverein in gemeinnützigkeitsschädlicher Weise prägte.

Nach der Änderung des Anwendungserlasses zur AO vom 17.1.2012 (BStBl. I S. 83) können nun auch 100% der Mittel aus steuerpflichtigen wirtschaftlichen Geschäftsbetrieben oder der Vermögensverwaltung erzielt werden. Die Gaprägetheorie wurde modifiziert. Voraussetzung ist allerdings wie bisher, dass die Mittel im steuerbegünstigten Bereich verwendet werden und der steuerpflichtige wirtschaftliche Geschäftsbetrieb oder die Vermögensverwaltung nicht zum Selbstzweck werden (vgl. AEAO zu § 56, Nr. 1).

Jeder Verein kann deshalb durch den Einsatz eines Fördervereins eine weitere Besteuerungsfreigrenze von 35.000 € und einen weiteren Freibetrag von 5.000 € erlangen. Da die Finanzverwaltung für Spartenvereine oft für jede Abteilung einen Förderverein zulässt, können bei 20 Abteilungen bei geschickter Aufteilung der Einnahmen zusätzlich 700.000 € ertragsteuerfrei vereinnahmt werden.

Ein Förderverein muss die gesammelten Mittel nicht sofort an die geförderte Einrichtung weiterleiten, er kann – im gleichen Umfang wie andere steuerbegünstigte Einrichtungen – unter bestimmten Voraussetzungen Rücklagen bilden (BFH vom 13.09.1989, BStBl. II 1990 S. 28). Dabei müssen die geförderten Projekte innerhalb einer angemessenen Zeitspanne verwirklicht werden, wobei hinsichtlich der Zeitvorstellung nicht kleinlich verfahren werden sollte (BFH vom 11.12.1974, BStBl. II 1975 S. 458).

4 Körperschaftsteuer

4.1 Besteuerungsverfahren

Steuerbegünstigte Körperschaften unterliegen nur mit ihren steuerpflichtigen wirtschaftlichen Geschäftsbetrieben der Körperschaftsteuer.

Steuersubjekt ist nicht der wirtschaftliche Geschäftsbetrieb, sondern die Körperschaft selbst. Mehrere steuerpflichtige wirtschaftliche Geschäftsbetriebe einer Körperschaft sind deshalb zusammenzufassen, wobei auch ein Verlustausgleich möglich ist. Die Tätigkeiten und wirtschaftlichen Aktivitäten der Untergliederungen (Abteilungen) eines Vereins sind dem Gesamtverein zuzurechnen, so dass dieser auch für die steuerpflichtigen wirtschaftlichen Tätigkeiten der Untergliederungen Steuersubjekt und Steuerobjekt ist (§ 51 Satz 3 AO).

Hinweis:

Sind dagegen Untergliederungen eines Vereins rechtlich verselbstständigt (eigene e. V. im Gesamtverein), gilt dies auch steuerlich, soweit kein Missbrauch von rechtlichen Gestaltungsmöglichkeiten vorliegt (§ 64 Abs. 4 AO).

4.2 Ermittlung der Besteuerungsgrundlagen

Das Ergebnis (Gewinn/Verlust) aus dem steuerpflichtigen wirtschaftlichen Geschäftsbetrieb wird entweder durch Vermögensvergleich (Bilanzierung) oder durch Einnahme-Überschussrechnung ermittelt.

Die Erstellung von Bilanzen und Gewinn- und Verlustrechnungen wird bei steuerbegünstigten Vereinen selten in Betracht kommen. Bilanzierungspflicht besteht gem § 141 AO nur, wenn eine der folgenden Grenzen bei einem wirtschaftlichen Geschäftsbetrieb überschritten ist und das Finanzamt den Verein deswegen zur Bilanzierung aufgefordert hat:

Jahresumsatz mehr als	500.000 €
Jahresgewinn mehr als	50.000 €

Wurden früher diese Grenzen auf jeden einzelnen wirtschaftlichen Geschäftsbetrieb angewendet, sind ab 1.1.1990 alle wirtschaftlichen Geschäftsbetriebe zusammenzufassen. Hat deshalb ein Verein bei Zusammenrechnung aller wirtschaftlicher Geschäftsbetriebe die Gewinngrenze von 50.000 € überschritten, wird er vom Finanzamt zur Bilanzierung aufgefordert werden.

Wenn der Verein nicht freiwillig bilanziert (was stets möglich ist) und auch nicht bilanzierungspflichtig ist, muss das Ergebnis aus den steuerpflichtigen wirtschaftlichen Geschäftsbetrieben durch Einnahme-Überschussrechnung gem § 4 Abs. 3 EStG ermittelt werden. Dabei werden von den im jeweiligen Kalenderjahr zugeflossenen Betriebseinnahmen aus den steuerpflichtigen wirtschaftlichen Aktivitäten die damit wirtschaftlich zusammenhängenden, im gleichen Zeitraum tatsächlich geleisteten Betriebsausgaben abgezogen.

4.3 Bemessungsgrundlage

Bemessungsgrundlage für die Körperschaftsteuer ist nicht der Gewinn aus den steuerpflichtigen wirtschaftlichen Geschäftsbetrieben, sondern das zu versteuernde Einkommen. Hierzu kann das ermittelte Ergebnis aus den wirtschaftlichen Geschäftsbetrieben um bestimmte nichtabziehbare Ausgaben (§ 10 KStG) zu erhöhen und um abziehbare Ausgaben im Sinne von § 9 KStG zu vermindern sein. Ergibt sich unter Berücksichtigung der Zu- und Abrechnungen ein Verlust, ist dieser mit einem eventuellen Gewinn des Vorjahres bis zum Höchstbetrag von 1.000.000 € ausgleichsfähig (einjähriger Verlustrücktrag). Soweit der Verlust nicht zurückgetragen werden kann, ist er zeitlich unbeschränkt vortragsfähig und von eventuellen positiven Einkommen dieser Jahre abzuziehen. Der Höhe nach ist der Verlustabzug allerdings auf 1.000.000 € pro Kalenderjahr beschränkt. Darüber hinaus gehende Beträge können in diesem Kalenderjahr nur in Höhe von 60 % abgezogen werden. Die verbleibenden Verluste sind in kommenden Jahren abzuziehen. Der Verlustabzug muss immer im erstmöglichen Zeitpunkt und Jahr vorgenommen werden. Eine Wahlmöglichkeit besteht nicht (§ 10d Abs. 1 und 2 EStG).

Verluste und Gewinne aus Jahren, in denen die maßgeblichen Einnahmen die Besteuerungsgrenze nicht übersteigen, bleiben bei dem Verlustabzug außer Ansatz. Ein rück- und vortragsfähiger Verlust kann dadurch nur in Jahren entstehen, in denen die Einnahmen die Besteuerungsgrenze übersteigen. Dieser Verlust wird nicht für Jahre verbraucht, in denen die Einnahmen die Besteuerungsgrenze von 35.000 € nicht übersteigen.

Beispiel:

Ein Sportverein hat im steuerpflichtigen wirtschaftlichen Geschäftsbetrieb 2012 bei Einnahmen von 40.000 € einen Verlust von 20.000 € erzielt.

Die Einnahmen und Gewinne der Vorjahre und der folgenden Jahre betragen:

Bruttoeinnahmen 2011	30.000,- €
Gewinn 2011	15.000,- €
Bruttoeinnahmen 2013	25.000,- €
Gewinn 2013	15.000,- €
Bruttoeinnahmen 2014	50.000,- €
Gewinn 2014	20.000,- €.

Der Verlust 2012 könnte zwar gesetzestechnisch mit dem Gewinn 2011 i. H. v. 15.000 € verrechnet werden. Da 2011 die Besteuerungsgrenze nicht überschritten wurde, ist eine Verlustverrechnung jedoch nicht vorzunehmen. Es verbleiben deshalb als Verlustvortrag 20.000 €. Dieser Verlustvortrag wird erst mit dem Gewinn 2014 i. H. v. 20.000 € verrechnet, da auch 2013 die Besteuerungsgrenze nicht überschritten wurde.

4.4 Freibetrag und Höhe der Körperschaftsteuer

Körperschaftsteuer fällt bei steuerbegünstigten Vereinen erst an, wenn die Bruttoeinnahmen aller steuerpflichtigen wirtschaftlichen Geschäftsbetriebe zusammen 35.000 € übersteigen.

Übersteigen die Einnahmen 35.000 €, ist stets vom Einkommen ein Freibetrag i. H. v.

5.000 €

abzuziehen.

Der verbleibende Betrag wird mit einem Körperschaftsteuersatz von 15 % besteuert (§ 23 Abs. 1 KStG).

Beispiel:

Steuerliches Einkommen 2014	20.000 €
Freibetrag	- 5.000 €
Bemessungsgrundlage	15.000 €
KSt: 15.000 € x 15 % =	**2.250 €**

zzgl. 5,5 % Solidaritätszuschlag

5 Gewerbesteuer

5.1 Umfang der Steuerpflicht

Die Gewerbesteuerpflicht beschränkt sich bei steuerbegünstigten Vereinen auf die steuerpflichtigen wirtschaftlichen Geschäftsbetriebe. Die steuerliche Behandlung deckt sich insoweit mit der bei der Körperschaftsteuer.

Die steuerpflichtigen Betriebe werden in folgenden Fällen nicht besteuert:

- Die Einnahmen aus den steuerpflichtigen wirtschaftlichen Geschäftsbetrieben einschließlich der Umsatzsteuer übersteigen insgesamt nicht 35.000 € im Jahr (§ 64 Abs. 3 AO);
- der auf volle 100 € abgerundete Gewerbeertrag beträgt nicht mehr als 5.000 € (§ 11 Abs. 1 Nr. 2 GewStG).

5.2 Grundlagen zur Besteuerung

Besteuerungsgrundlage ist der Gewerbeertrag. Der Gewerbeertrag errechnet sich aus dem Gewinn des wirtschaftlichen Geschäftsbetriebes, bestimmten Hinzurechnungen und Kürzungen.

Hinzuzurechnen sind bei Vereinen insbesondere die Entgelte (Zinsen) für Schulden, die bei der Gewinnermittlung als Ausgaben abgesetzt wurden. Allerdings erfolgt nach der Unternehmenssteuerreform 2008 eine solche Hinzurechnung nur, wenn die Entgelte 100.000 € übersteigen. Der übersteigende Betrag wird nur zu einem Viertel angesetzt.

Als Kürzung kommt insbesondere der Abzug von 1,2 % des mit 140 % angesetzten Einheitswerts betrieblich genutzter Grundstücke oder Grundstücksteile (z. B. hinsichtlich des selbstbetriebenen Vereinsgaststättengrundstücks) in Betracht. Der sich ergebende Betrag ist noch um die noch nicht ausgeglichenen Gewerbeverluste zu kürzen.

Der sich danach ergebende Gewerbeertrag führt nach Abrundung auf volle 100 € nur zur Gewerbesteuerbelastung, soweit er über dem Freibetrag von 5.000 € liegt.

5.3 Gewerbesteuermessbescheid des Finanzamts

Die Gewerbesteuer wird nicht wie z. B. die Körperschaftsteuer oder die Umsatzsteuer unmittelbar aufgrund der Besteuerungsmerkmale festgesetzt. Es wird vielmehr durch Anwendung einer Messzahl ein Steuermessbetrag ermittelt, den das Finanzamt mit Gewerbesteuermessbescheid feststellt.

Der Gewerbesteuermessbetrag beträgt 3,5 v. H. des Gewerbeertrages (bis VZ 2007 5 %). Die Gewerbesteuer ist ab 2008 nicht mehr als Betriebsausgabe bei der Körperschaftsteuer abzugsfähig.

5.4 Gewerbesteuerbescheid der Gemeinde

Aufgrund des vom Finanzamt festgestellten Gewerbesteuermessbetrags erteilt die Gemeinde den eigentlichen Gewerbesteuerbescheid. Die Höhe der Gewerbesteuer richtet sich dabei nach dem jeweiligen Hebesatz der Gemeinde.

Anstelle des gesonderten Gewerbesteuerbescheids kann die Festsetzung auch durch einen kombinierten Bescheid erfolgen.

Einwendungen hinsichtlich der Ermittlung des Gewerbesteuermessbetrags (z. B. unzutreffende Gewinnermittlung) können nur gegenüber dem Finanzamt erhoben werden. Anträge hinsichtlich der Erhebung (z. B. Antrag auf Ratenzahlung) sind hingegen an die Gemeinde zu richten.

6 Umsatzsteuer

6.1 Allgemeines

Steuerbegünstigte Körperschaften unterliegen der Umsatzsteuer, soweit sie nachhaltig zur Erzielung von Einnahmen Lieferungen oder sonstige Leistungen gegen Entgelt ausführen, also unternehmerische Tätigkeit ausüben. Eine Gewinnerzielungsabsicht ist nicht erforderlich.

Nachhaltigkeit besteht bereits dann, wenn z. B. ein Verein im Abstand von mehreren Jahren gesellige Veranstaltungen durchführt (z. B. Bewirtung beim Narrentreffen alle 16 Jahre). Die Umsatzsteuerpflicht erstreckt sich jedoch nicht nur auf die Zweckbetriebe und die steuerpflichtigen wirtschaftlichen Geschäftsbetriebe. Auch der Bereich der Vermögensverwaltung (z. B. Pacht- und Mieteinnahmen) kann der Umsatzsteuer unterliegen. Einnahmen aus Mitgliedsbeiträgen, Zuschüssen oder Spenden (ideeller Bereich) an den Verein lösen jedoch keine Umsatzsteuer aus, da es in diesen Fällen an einer Gegenleistung des Vereins an den einzelnen Beitragszahler oder Spender fehlt (A 1.4 UStAE). Ein Vorsteuerabzug in diesem Bereich ist deshab nicht möglich.

Der EuGH hat in seinem Urteil vom 21.3.2002 (UR 2002, S. 320) entschieden, dass Mitgliedsbeiträge an Vereine nach der 6. EG-Richtlinie dann steuerpflichtig sind, wenn der Verein seinen Mitgliedern eine Leistung anbietet (Spielberechtigung im Golfclub). Der BFH ist inzwischen dem EuGH gefolgt (BFH-Urteil vom 11.10.2007, UR 2008, S. 153). Die Urteile werden von der deutschen Finanzverwaltung nicht angewendet. Eine bundesweite Regelung fehlt bisher. Wann die Finanzverwaltung und der Gesetzgeber auf diese Urteile reagieren, ist völlig unklar.

Zur Vermeidung von Klagen lässt die Finanzverwaltung jedoch zu, dass die Vereine auf Wunsch die Mitgliedsbeiträge mit 7 % versteuern, um den Vorsteuerabzug (z. B. beim Sportstättenbau) zu erhalten (zu Einzelheiten und Einschränkungen hierzu s. Tz. 6.7).

6.2 Umsätze des Vereins

Steuerbare Umsätze liegen immer dann vor, wenn der Verein in seinem unternehmerischen Bereich gegen Entgelt tätig wird. In Betracht kommen insbesondere folgende Betätigungen:

- Eigenbewirtschaftung einer Vereinsgaststätte oder Vereinskantine, auch wenn diese nur Mitgliedern zugänglich ist, sowie Vereinsfeste;

- Verkauf von Waren (z. B. Getränke, Würstchen und dgl.);
- Verkauf von Vereinsabzeichen, Sportgeräten, Festschriften und Fachbüchern, auch wenn der Verkauf nur an Mitglieder erfolgt (z. B. im Rahmen sportlicher Veranstaltungen);
- Verkauf von gebrauchten Gegenständen aus dem unternehmerischen Bereich sowie von gesammeltem Altpapier und dgl.;
- Verkauf von Losen für eine Vereinstombola;
- Abhaltung von kulturellen und sportlichen Veranstaltungen gegen Erhebung von Eintrittsgeldern;
- Vermietung und Verpachtung (auch stundenweise) von Grundstücken, Gebäuden, Räumen, Sportanlagen und sonstigen Einrichtungen und Gegenständen des Vereins (z. B. Sportgeräte);
- Überlassung von Flächen zur Anbringung von Reklame gegen Entgelt (z. B. Werbung auf Sportplätzen und Sportkleidung, Inserate in der Vereinszeitschrift oder Festschrift);
- Entgeltliche Überlassung des Rechts an Dritte, bei Veranstaltungen des Vereins bzw. in Räumen des Vereins Waren zu verkaufen und dgl. (Beispiel: Provision eines Automatenaufstellers).

6.3 Steuerbefreiungen

Das Umsatzsteuergesetz sieht zahlreiche Befreiungsvorschriften vor. Für Vereine sind insbesondere folgende Vorschriften von Bedeutung:

- Steuerbefreiung für Umsätze, die unter das Rennwett- und Lotteriesteuergesetz fallen. Allerdings entfällt die Steuerbefreiung, wenn Befreiung von der Lotteriesteuer besteht oder die Lotteriesteuer allgemein nicht erhoben wird (§ 4 Nr. 9 Buchstabe b UStG). Da bei steuerbegünstigten Vereinen Lotteriesteuer erst ab einem Gesamtbetrag der Lose von 40.000 € anfällt, unterliegen die Einnahmen der Vereine aus angemeldeten und genehmigten Lotterien und Ausspielungen (vor allem Tombola-Veranstaltungen) regelmäßig der Umsatzsteuer.
- Steuerbefreiung der Umsätze aus der Vermietung und Verpachtung von Grundstücken (§ 4 Nr. 12 UStG). Hierunter fällt zum Beispiel die Vermietung und Verpachtung von Vereinsheimen und Kegelbahnen an einen selbständigen Gastwirt, von Turnhallen an andere Vereine oder an die Gemeinde. Nicht befreit sind die Vermietung von Betriebsvorrichtungen (z. B. Schankanlage, Einrichtung, Büromobiliar). Im Einzelfall kann eine Aufteilung des Miet- oder Pachtentgelts in einen steuerfreien und steuerpflichtigen Teil erforderlich sein.
  Hinsichtlich der Überlassung von Sportanlagen an Mitglieder und Nichtmitglieder (insb. Tennis-, Squash- und Badmintonplätze) hat

der BFH seine ständige Rechtsprechung aufgegeben und mit Urteil vom 31.5.2001 (DB 2001 S. 1759) die Vermietung als einheitliche Leistung angesehen. Eine Aufteilung in die steuerfreie Vermietung von Grund und Boden sowie in die steuerpflichtige Vermietung von Betriebsvorrichtungen erfolgt nicht mehr.

- Leistungen im Rahmen der Wohlfahrtspflege (§ 4 Nr. 18 UStG).
- Steuerbefreiung für die Umsätze aus Vorträgen, Kursen und anderen Veranstaltungen wissenschaftlicher oder belehrender Art, wenn die Einnahmen überwiegend zur Deckung der Unkosten verwendet werden (§ 4 Nr. 22 Buchstabe a UStG und A 4.22.1 UStAE). Zu den in § 4 Nr. 22 Buchstabe a UStG bezeichneten Veranstaltungen belehrender Art gehören Sportunterricht und Sportkurse (z. B. Tennis-, Reit- oder Skiunterricht) für Vereinsmitglieder und Nichtmitglieder.
- Steuerbefreiung für die Umsätze aus kulturellen und sportlichen Veranstaltungen, soweit das Entgelt in Teilnehmergebühren besteht (§ 4 Nr. 22 Buchstabe b UStG und A 4.22.2 UStAE). Hierunter fallen zum Beispiel Melde- oder Startgelder bei sportlichen Veranstaltungen (z. B. Trimm-Trab, Volksläufe, Grümpelturniere etc.). Für Eintrittsgelder ist die Befreiungsvorschrift des § 4 Nr. 22 Buchstabe b UStG nicht anwendbar.
- Leistungen im Rahmen der Jugendhilfe (z. B. Zeltlager, Fahrten, Ausflüge, Treffen sowie Sportveranstaltungen) einschließlich der Beherbergung und Beköstigung der Jugendlichen und Betreuer (§ 4 Nr. 25 Buchstaben a und b UStG und A 4.25.1 UStAE). Jugendliche i. S. d. § 25 UStG sind alle Personen vor Vollendung des 27. Lebensjahres.
- Lieferungen, wenn der Verein die gelieferten und entnommene Gegenstände ausschließlich für steuerfreie Tätigkeiten verwendet hat (§ 4 Nr. 28 UStG), z. B. Verkauf von gebrauchten Musikinstrumenten einer Musikschule oder eines Reitpferdes bei voriger Nutzung für Reitunterricht.

6.4 Verzicht auf Steuerbefreiung (§ 9 UStG)

Der Verein kann auf die Steuerbefreiung nach § 4 Nr. 8 Buchstaben a - g, 9 Buchstabe a und Nr. 12 UStG verzichten, wenn der Umsatz an einen anderen Unternehmer für dessen Unternehmen ausgeführt wird. In den Fällen des § 19 Abs. 1 UStG (Kleinunternehmer) wäre dann aber auch eine Option zur Umsatzsteuer nach § 19 Abs. 2 UStG notwendig (siehe Tz. 6.5).

Tipp:

Hauptanwendungsfall im Vereinsbereich dürfte bei Verpachtung von Vereinsgaststätten der Verzicht auf die Umsatzsteuerfreiheit der Pachtentgelte (§ 4 Nr. 12 Buchstabe a UStG) sein, um einen Vorsteuerabzug aus den Bau- oder laufenden Kosten für die Gaststätte zu erlangen.

Eine Optionsmöglichkeit besteht nur, soweit der Umsatz einer unternehmerischen Tätigkeit des Vertragspartners und auch nicht Wohnzwecken dient. Damit scheidet zum Beispiel ein Verzicht auf die Steuerbefreiung für Mietentgelte aus der Pächterwohnung im Vereinsheim aus. Wegen der Einzelheiten der Option vgl. A 9.1 UStAE.

6.5 Kleinunternehmerregelung

Erzielt ein Verein Einnahmen aus einer steuerpflichtigen unternehmerischen Tätigkeit, so gilt folgendes:

Der Verein braucht keine Umsatzsteuer zu zahlen, wenn die jährlichen (Brutto-) Einnahmen aus unternehmerischer Tätigkeit

- im vorangegangenen Kalenderjahr 17.500 € nicht überstiegen haben und
- im laufenden Kalenderjahr voraussichtlich 50.000 € nicht übersteigen werden

(Kleinunternehmerregelung, § 19 Abs. 1 UStG). In diesem Fall dürfen vom Verein keine Steuerbeträge gesondert in Rechnung gestellt werden. Vorsteuern dürfen nicht abgezogen werden.

Tipp:

Der Verein kann auf diese Vereinfachungsregelung verzichten (§ 19 Abs. 2 UStG). Dies kann dann vorteilhaft sein, wenn ein Verein zum Beispiel aus dem Bau einer Vereinsgaststätte hohe Vorsteuerbeträge geltend machen kann. Eine Erklärung (Option) zur Umsatzsteuer bindet den Verein allerdings für fünf Jahre, faktisch jedoch über § 15a UStG bei Grundstücken und Gebäuden zehn Jahre (vgl. Tz. 6.8).

6.6 Steuersätze

Für die Umsätze im unternehmerischen Bereich der Vereine beträgt der

- Regelsteuersatz **19 %** und
- der ermäßigte Steuersatz **7 %** (§ 12 Abs. 2 Nr. 8 Buchstabe a UStG).

Soweit die Vereine Umsätze aus der Verwirklichung ihrer gemeinnützigen Zwecke erzielen, zum Beispiel Einnahmen aus Sportveranstaltungen im Zweckbetrieb, unterliegen die Einnahmen dem ermäßigten Steuersatz von 7 %. Dies gilt auch für andere Umsätze im Rahmen eines steuerbegünstigten Zweckbetriebs und der Vermögensverwaltung.

Durch Art. 7 Nr. 5 Buchstabe a des Jahressteuergesetzes 2007 ist § 12 Abs. 2 Nr. 8 Buchstabe a UStG (ermäßigter Steuersatz für Vermögensverwaltung und Zweckbetriebe) dahingehend eingeschränkt worden, dass die Ermäßigung nicht anzuwenden ist, wenn ein Zweckbetrieb in erster Linie der Erzielung zusätzlicher Einnahmen dient, die in unmittelbarem Wettbewerb mit Umsätzen stehen, die dem vollen Steuersatz unterliegen. Durch das BMF-Schreiben vom 9.2.2007 (BStBl. I S. 218) wurde diese Bestimmung näher konkretisiert. Entgegen ersten Befürchtungen hat diese Vorschrift auf die Besteuerung der Zweckbetriebe von steuerbegünstigten Körperschaften nur geringe Bedeutung. Die Steuerermäßigung ist nur bei Behindertenwerkstätten und Integrationsprojekten unter gewissen Voraussetzungen ausgeschlossen, sowie i. d. R. bei Lotterien und Ausspielungen, wenn der Gesamtbetrag der Lose 17.500 € überschreitet. Einzelheiten ergeben sich aus dem zitierten BMF-Schreiben.

Das Urteil des BFH vom 20.3.2014 (DStR 2014 S. 1539) hat auf Grund einer missverständlichen und teilweisen unzutreffenden Pressemitteilung des Bundesfinanzhofs zu viel Unruhe geführt. Zwar ist zutreffend, dass der Bundesfinanzhof, ohne dass es für die Entscheidung darauf ankam, die Steuerbegünstigung der Vermögensverwaltung verneinte, die Überlassung von Sportanlagen an Mitglieder als Zweckbetrieb aber nicht grundsätzlich in Frage stellte und deshalb nicht dem vollen Steuersatz unterworfen hat. Er hat das Verfahren an die Vorinstanz zur Klärung des Sachverhalts zurückverwiesen. Die Finanzverwaltung hat auf das Urteil hinsichtlich der Frage des vollen oder ermäßigten Steuersatzes bei der Vermögensverwaltung noch nicht reagiert, es ist deshalb immer noch die günstige Regelung in A 12.9 Abs. 3 Satz 6 UStAE anzuwenden. Hinsichtlich der Zweckbetriebseigenschaft der Überlassung von Sportanlagen an Mitglieder hat die Finanzverwaltung aber im BMF-

Schreiben vom 14.1.2015 (BStBl I S. 76, Tz. 8) die bisherige Verwaltungsauffassung noch einmal bestätigt (vgl. AEAO zu § 67a, Nr. 12.)

Soweit Umsätze im Rahmen eines steuerlich nicht begünstigten stpfl. wirtschaftlichen Geschäftsbetriebs (zum Beispiel einer selbstbetriebenen Gaststätte oder einer Festveranstaltung) erzielt werden, beträgt die Umsatzsteuer 19 %.

Grundlage der Steuerberechnung ist das vom Verein vereinbarte oder vereinnahmte Entgelt ohne Umsatzsteuer. Meist wird die anfallende Umsatzsteuer nicht offen auf den Preis, beispielsweise einer Eintrittskarte, aufgeschlagen, sondern sie ist darin enthalten. Die Umsatzsteuer muss dann aus den Einnahmen (Bruttoentgelt) herausgerechnet werden. Für Umsätze, die dem ermäßigten Steuersatz von 7 % unterliegen, beträgt die Umsatzsteuer 6,54 %, für Umsätze, die dem allgemeinen Steuersatz von 19 % unterliegen, 15,97 % der Bruttoeinnahmen einschließlich Umsatzsteuer.

Beispiele:

a) Bruttoeinnahmen aus Sportveranstaltungen im Zweckbetrieb
   10.000 €
   hieraus Umsatzsteuer nach dem ermäßigten Steuersatz von 7 %
   = **6,54 %** von 10.000 € = 654 €

b) Bruttoeinnahmen aus Getränkeverkäufen in der Vereinsgaststätte
   10.000 €
   bei Anwendung des Regelsteuersatzes von 19 % errechnet sich eine Umsatzsteuer von **15,97 %** von 10.000 € = 1.597 €

Hinweis:

Schließen sich gemeinnützige Sportvereine zu Sport- und Spielgemeinschaften zusammen, so sind die Umsätze dieser Gemeinschaft nur mit dem ermäßigten Steuersatz zu besteuern, wenn die Umsätze, würde jeder Verein sie anteilig selbst ausführen, ebenfalls ermäßigt besteuert würden (Sportveranstaltungen im Zweckbetrieb). Diese Bestimmung (§ 12 Abs. 2 Nr. 8 Buchstabe b UStG) gilt deshalb nicht für Gemeinschaften, an denen ein oder mehrere Vereine beteiligt sind, die ihre Sportveranstaltungen im steuerpflichtigen wirtschaftlichen Geschäftsbetrieb führen.

6.7 Vorsteuerabzug

Von der ermittelten Umsatzsteuer können die in Eingangsrechnungen gesondert ausgewiesenen Umsatzsteuerbeträge als Vorsteuer abgezogen werden, wenn diese Einkäufe den unternehmerischen Bereich des Vereins betreffen (z. B. Getränkeeinkäufe für die Vereinsgaststätte). Dagegen ist ein Vorsteuerabzug ausgeschlossen, wenn Gegenstände für den nichtunternehmerischen Bereich angeschafft werden (zum Beispiel Sportgeräte für ideelle Vereinszwecke, Ausnahmen s. u.).

Aufgrund des EuGH-Urteils vom 21.3.2002 (UR 2002, S. 320) können die Mitgliedsbeiträge der USt unterworfen werden und die Vorsteuer für Ausgaben im ideellen Bereich voll oder zumindest teilweise abgezogen werden (ebenso BFH-Urteil vom 11.10.2007, UR 2008, S. 153). Da das Urteil von der deutschen Finanzverwaltung nicht angewandt wird, muss die USt und die Vorsteuer erklärt werden und ggf. gegen einen ablehnenden Bescheid Einspruch und Klage eingereicht werden. Die abweichende Rechtsauffassung muss in der USt-Voranmeldung kenntlich gemacht werden, da sonst die Gefahr der Einleitung eines Strafverfahrens besteht.

Die Versteuerung der Mitgliedsbeiträge und der Vorsteuerabzug sind aber nur bei Vereinen möglich, die ihren Mitgliedern Sportstätten oder bewegliche Gegenstände zur Nutzung überlassen (z. B. Nutzung eines Golf- oder Tennisplatzes oder eines Segelflugzeuges). Führt der Verein eine sportliche Veranstaltung durch (z. B. Training oder Sportkurs) ist zwingend die nationale Steuerbefreiung des § 4 Nr. 22 Buchstabe a oder Buchstabe b UStG anzuwenden, die einen Vorsteuerabzug mangels Optionsmöglichkeit ausschließt.

Vorsteuer darf nur dann abgezogen werden, wenn die Umsatzsteuer in Rechnungen sowohl prozent- als auch betragsmäßig ausgewiesen ist (weitere Voraussetzungen des Vorsteuerabzugs ergeben sich aus § 14 Abs. 4 UStG).

Beispiel:

Getränkelieferung	1.000 €
+ 19 % MwSt.	190 €
	1.190 €

Von diesem Grundsatz gibt es eine wichtige Ausnahme:

Vorsteuerabzug bei Rechnungen über Kleinbeträge, deren Gesamtbetrag 150 € nicht übersteigt, kann bei fehlendem gesonderten Steuerausweis der Vorsteuerbetrag selbst errechnet werden, wenn in der Rechnung der Steuersatz angegeben und der Gegenstand der Leistung ausreichend bezeichnet ist (§ 33 UStDV).

Wird ein Grundstück sowohl für den unternehmerischen als auch für den nichtunternehmerischen Bereich eines Vereins verwendet (z. B. Sportstätten werden für Jugendsport und entgeltliche Sportveranstaltungen benützt), so kann die Vorsteuer nicht mehr in vollem Umfang abgezogen werden und die Verwendung des Gegenstandes für unternehmensfremde Zwecke (Ideeller Bereich) der Umsatzsteuer gem. § 3 Abs. 1b) Nr. 1 UStG (unentgeltliche Wertabgabe) unterworfen werden. Durch das Jahressteuergesetz 2011 wurde die Anwendung der sog. Seeling-Rechtsprechung des EuGH gesetzlich ausgeschlossen. Die Vorsteuer ist nur noch anteilig abziehbar (vgl. § 15 Abs. 1b) UStG).

Da die Bemessung der abziehbaren Vorsteuer in diesen Fällen sehr schwierig ist, gewähren der UStAE den Vereinen folgende Erleichterungen beim Vorsteuerabzug:

1. Die Vorsteuern werden im Verhältnis der Einnahmen im unternehmerischen Bereich zu den Einnahmen im nichtunternehmerischen Bereich aufgeteilt. Die Vorsteuer kann dann nur anteilmäßig geltend gemacht werden. Diese Aufteilung nach A 4.12.11 UStAE ist jedoch nur dann zulässig, wenn sie zu keinen unzutreffenden Ergebnissen

führt. In den meisten Fällen wird deshalb das Finanzamt wie folgt verfahren:

2. Die Vorsteuern werden nach der tatsächlichen Nutzung des Gegenstandes aufgeteilt.

Tipp:

Es empfiehlt sich, in diesen Fällen persönlich beim zuständigen Sachbearbeiter des Finanzamts vorzusprechen und eine möglichst günstige Aufteilung auszuhandeln.

6.8 Vorsteuerpauschalierung § 23a UStG

Durch das Vereinsförderungsgesetz 1990 wurde für Vereine, deren steuerpflichtiger Vorjahresumsatz 35.000 € nicht überschritten hat, die Möglichkeit geschaffen, die Vorsteuer zu pauschalieren. Die Umsatzsteuer ist dann wie folgt zu ermitteln:

Ausgangsumsatz netto x Steuersatz (7 % oder 19 %)
- Vorsteuerpauschale (7 % des steuerpfl. Umsatzes)
= Umsatzsteuerschuld (Zahllast)

Für Einnahmen aus kulturellen und sportlichen Veranstaltungen im Zweckbetriebsbereich fällt damit im Ergebnis keine Umsatzsteuer an. Die ermäßigte Umsatzsteuer in Höhe von 7 % wird durch die Möglichkeit der Vorsteuerpauschalierung in gleicher Höhe kompensiert.

Die Möglichkeit zur Inanspruchnahme der Vorsteuerpauschale ist auf nicht buchführungspflichtige steuerbegünstigte Einrichtungen (Vereine) mit einem steuerpflichtigen Vorjahresumsatz von 35.000 € beschränkt. Entscheidet sich ein Verein für die Pauschalierung der Vorsteuer, ist er hieran fünf Jahre gebunden.

Achtung:

In diesem Fünf-Jahres-Zeitraum kann der Verein keine höheren Vorsteuern geltend machen als 7 % vom Nettoumsatz. Dies wirkt sich insbesondere dann negativ für den Verein aus, wenn er in diesem Zeitraum größere Investitionen tätigt. Jeder Verein sollte sich deshalb gut überlegen, ob er von diesem Wahlrecht Gebrauch machen will. Im Zweifel wird sich der Verein gegen die Pauschalierung aussprechen.

Sind die Voraussetzungen für die Anwendung des Durchschnittsatzes gegeben, kann der Verein spätestens bis zum zehnten Tage nach Ablauf des ersten Voranmeldungszeitraums eines Kalenderjahres erklären, dass er den Durchschnittsatz in Anspruch nehmen will. Die Erklärung bindet den Verein mindestens für fünf Kalenderjahre. Sie kann nur mit Wirkung vom Beginn eines Kalenderjahres an widerrufen werden. Der Widerruf ist spätestens bis zum zehnten Tag nach Ablauf des ersten Voranmeldungszeitraums dieses Kalenderjahres zu erklären. Eine erneute Anwendung des Durchschnittsatzes ist frühestens nach Ablauf von fünf Kalenderjahren zulässig.

6.9 Vorsteuerabzug beim Sportstättenbau

Besondere Probleme ergeben sich hinsichtlich des Vorsteuerabzugs beim Sportstättenbau und bei der Vermietung von Sportanlagen. Vorsteuern können nur insoweit abgezogen werden, als die Sportanlage unternehmerisch genutzt wird. Da die meisten Sportanlagen und Vereinsheime sowohl unternehmerischen als auch nicht unternehmerischen Zwecken dienen, ist die Vorsteuer sachgerecht aufzuteilen (s. A 4.12.11 UStAE).

Hinsichtlich der Überlassung von Sportanlagen an Mitglieder und Nichtmitglieder (insb. Tennis-, Squash- und Badmintonplätze) hat der BFH 2001 seine frühere ständige Rechtsprechung aufgegeben und mit Urteil vom 31.5.2001 (BStBl. II S. 658) die Vermietung als einheitliche Leistung angesehen. Eine Aufteilung in die steuerfreie Vermietung von Grund und Boden sowie in die steuerpflichtige Vermietung von Betriebsvorrichtungen erfolgt nicht mehr. Der Vorsteuerabzug beim Bau von Tennis-, Squash- oder Badmintonhallen ist deshalb in voller Höhe möglich (soweit keine Nutzung im ideellen Bereich vorliegt).

Mit Urteil vom 17.12.2008 (DStR 2009, 797) hat der BFH seine ständige Rechtsprechung bestätigt, dass die oben genannten Grundsätze dann nicht anzuwenden sind, wenn eine Sporthalle im Ganzen langfristig an einen anderen Verein vermietet wird. Da die Vermietung des Gebäudes nach § 4 Nr. 12 Buchstabe a UStG von der Umsatzsteuer befreit ist, kann mangels einer Optionsmöglichkeit auch keine Vorsteuer aus den Bau- und Unterhaltungskosten abgezogen werden. Nur die Vermietung der Betriebsvorrichtungen unterliegt der Umsatzsteuer und dem Vorsteuerabzug (was der BFH in seinem Urteil aber in unerklärlicher Weise in Zweifel gezogen, aber nicht entschieden hat).

Das BFH-Urteil widerspricht nicht dem EU-Recht, da dieses in Artikel 135 Abs. 1 Buchstabe l MwStSystRL die Vermietung und Verpachtung von Grundstücken ebenfalls steuerfrei stellt.

6.10 Anmeldung und Abführung der Umsatzsteuer

Die Anmeldung der Umsatzsteuer im elektronischen Verfahren (ELSTER) sowie die Überweisung der Umsatzsteuer an das Finanzamt, haben unaufgefordert bis zu folgenden Terminen zu erfolgen (§ 18 Abs. 2 UStG):

- monatlich bis zum 10. des Folgemonats, wenn die Umsatzsteuer im vorausgegangenen Kalenderjahr mehr als 7.500 € betrug,
- quartalsweise bis zum 10. des auf das Quartal folgenden Monats, wenn die Umsatzsteuer im vorangegangenen Kalenderjahr zwischen 1.000 € und 7.500 € betrug,
- jährlich zum 10. Januar des Folgejahres auf Antrag, wenn die Umsatzsteuer im vorausgegangenen Kalenderjahr nicht mehr als 1.000 € betrug.

7 Lohnsteuer

7.1 Die Körperschaft als Arbeitgeber

Körperschaften, die zur Erfüllung ihrer Aufgaben Arbeitnehmer beschäftigen, sind Arbeitgeber und unterliegen als solche den allgemeinen Bestimmungen des Lohnsteuerrechts. Dabei spielt es keine Rolle, ob es sich um Aufgaben mit ideeller Zielsetzung (z. B. den eigentlichen Sportbetrieb) oder um solche mit wirtschaftlichem Charakter (z. B. Verkauf von Speisen und Getränken usw.) oder um verwaltungsmäßige Geschäfte (z. B. Geschäftsstelle) handelt.

7.2 Arbeitnehmer der Körperschaft

Arbeitnehmer der Körperschaft sind Personen, die zu ihr in einem Dienstverhältnis stehen und daraus Arbeitslohn beziehen. Ein Dienstverhältnis liegt vor, wenn der Beschäftigte den ihm gegebenen geschäftlichen Weisungen über Art, Ort und Zeit der Beschäftigung folgen muss und nur seine Arbeitskraft schuldet. Auf die Dauer der Beschäftigung kommt es grundsätzlich nicht an. Auch Personen, die nur eine Aushilfs- oder Nebentätigkeit ausüben, sind – wenn die übrigen Voraussetzungen vorliegen – Arbeitnehmer.

Beispiele:

Als Arbeitnehmer sind z. B. anzusehen:

- Personen, die fest angestellt sind,
- Personen, die im Rahmen eines wirtschaftlichen Geschäftsbetriebes, der von der Körperschaft selbst unterhalten wird (z. B. Gaststätte, Festveranstaltungen), beschäftigt werden,
- Trainer und sonstige Übungsleiter, die von Vereinen hauptberuflich verpflichtet werden oder nebenberuflich mehr als sechs Stunden wöchentlich für den Verein tätig sind,
- Haus- und Platzkassierer sowie Platzwarte und Reinigungskräfte,
- Sportler, die dem Verein ihre Arbeitskraft für eine Zeitdauer, die eine Reihe von sportlichen Veranstaltungen umfasst, gegen Entgelt zur Verfügung stellen und danach verpflichtet sind, an Trainingsveranstaltungen und Sportveranstaltungen teilzunehmen, und andererseits berechtigt sind, vom Verein das vereinbarte Entgelt zu fordern. Arbeitnehmer des Vereins sind deshalb unstrittig Lizenzspieler in der Fußball-Bundesliga, so genannte Vertragsamateure und bezahlte Sportler i. S. d. § 67a AO.

Amateursportler, die nur ihre Aufwendungen ersetzt erhalten (Fahrtkosten, Mehraufwand für Verpflegung, Sportkleidung) sind keine Arbeitnehmer (BFH-Urteil vom 23.10.1992, BStBl. 1993 II S. 303). An diese Sportler können deshalb auch Fahrtkosten von der Wohnung zum Training oder zu Heimspielen ohne Pauschalierung nach § 40 Abs. 2 EStG ausbezahlt werden.

7.3 Keine Arbeitnehmer

Personen, die bei ihrer Tätigkeit für die Körperschaft, z. B. im Spiel- und Übungsbetrieb, in einem wirtschaftlichen Geschäftsbetrieb oder in der Verwaltung nicht fest in die Vereinsorganisation eingegliedert sind und sich nicht an geschäftsleitende Weisungen halten müssen, sondern in eigener Verantwortung handeln, sind selbständig tätig und nicht Arbeitnehmer. Keine Arbeitnehmer sind deshalb z. B.:

- Nebenberufliche Trainer und sonstige nebenberufliche Übungsleiter von Turn- und Sportvereinen, wenn sie durchschnittlich nicht mehr als sechs Stunden wöchentlich für den Verein tätig sind (Verwaltungsregelung; diese Regelung gilt jedoch nicht im Sozialversicherungsrecht),
- Tennistrainer, Golf- und Reitlehrer, wenn der Verein nur den Platz zur Verfügung stellt und der Trainer auf eigene Rechnung arbeitet. Dies gilt jedoch dann nicht, wenn der Trainer direkt vom Verein bezahlt wird und den Weisungen des Vereins unterliegt (z. B. beim Mannschafts- und Jugendtraining). Hauptberufliche selbstständige Trainer werden aber nicht zu Arbeitnehmern, wenn sie nur gelegentlich (auch mehr als 6 Stunden in der Woche) Mannschaftstraining durchführen.
- Vereinsmitglieder, deren Tätigkeit bei besonderen Anlässen eine bloße Gefälligkeit oder eine gelegentliche Hilfeleistung darstellt, die als Ausfluss persönlicher Verbundenheit und nicht zu Erwerbszwecken erbracht wird. Das ist z. B. dann der Fall, wenn sich Vereinsmitglieder bei einer einmal im Jahr stattfindenden Vereinsfeier zu bestimmten Arbeiten zur Verfügung stellen oder bei sportlichen Veranstaltungen als Helfer einspringen und dafür eine Vergütung erhalten, die offensichtlich nicht mehr als eine Abgeltung des Verpflegungsmehraufwandes darstellt. Bisher wurden in der Regel 4,50 €/Tag von der Finanzverwaltung anerkannt.
- Pächter von Gaststätten; diese sind gewerbliche Unternehmer,
- Musikkapellen, die für die Körperschaft nur gelegentlich tätig sind. Die für diese Personen gezahlten Vergütungen unterliegen nicht dem Lohnsteuerabzug, sondern führen ggf. beim Empfänger zur Einkommensteuerveranlagung. Für ausländische Musikkapellen ist die Ab-

zugssteuer nach § 50a EStG in Höhe von 15 % an das Finanzamt abzuführen.

7.4 Ehrenamtliche Tätigkeit

Die unentgeltliche Ausübung eines Ehrenamtes (z. B. als Vorsitzender) begründet kein Dienstverhältnis im steuerlichen Sinne. Daran ändert auch die allgemein übliche Regelung nichts, dass diesen ehrenamtlich Tätigen tatsächlich entstandene Kosten ersetzt werden (z. B. Reisekosten, Portokosten, Telefongebühren). Steuerbare Einkünfte eines Ehrenamtlichen als Arbeitnehmer oder selbstständig Tätigen lagen bis zum Ehrenamtsförderungsgesetz nach Ansicht der Finanzverwaltung nur dann vor, wenn die Einkünfte (Aufwandsentschädigung minus steuerlich abziehbare Ausgaben) mindestens 256 € betrugen. Eine jährliche pauschale Aufwandsentschädigung bis zu 255 € war deshalb früher steuerlich unbeachtlich (§ 22 Nr. 3 EStG).

Ab 1.1.2007 sind Einnahmen aus nebenberuflichen Tätigkeiten für steuerbegünstigte Körperschaften nach § 3 Nr. 26a EStG in Höhe von 500 €, ab 1.1.2013 in Höhe von 720 €/Jahr steuerfrei (Freibetrag). Werden vom Verein höhere pauschale Zahlungen ohne Nachweis geleistet, geht die Finanzverwaltung i. d. R. nun von Einkünften aus selbstständiger oder nichtselbstständiger Arbeit aus, so dass die Freigrenze des § 22 Nr. 3 EStG nur noch in wenigen Fällen zur Anwendung kommt. Im Schreiben vom 21.10.2014 (BStBl. I S. 1581) hat das BMF zur Anwendung des § 3 Nr. 26a EStG wiederholt Stellung genommen. Nach diesem Schreiben ist die Freigrenze des § 22 Nr. 3 EStG auf den Schiedsrichter anwendbar, so dass dieser 975 € (720 € + 255 €) steuerfrei erhalten kann. Der Vorstand des Vereins wird bei Überschreiten der Ehrenamtspauschale als Arbeitnehmer betrachtet (vgl. Urteil des BSG vom 19.7.2001, B 12 Kr 44/00 R).

7.5 Allgemeine Aufwandspauschale für ehrenamtlich Tätige (§ 3 Nr. 26a EStG)

7.5.1 Allgemeines

Nach § 3 Nr. 26a EStG sind Einnahmen aus nebenberuflichen Tätigkeiten im Dienst oder Auftrag einer inländischen juristischen Person des öffentlichen Rechts oder einer unter § 5 Abs. 1 Nr. 9 des Körperschaftsteuergesetzes fallenden Einrichtung zur Förderung gemeinnütziger, mildtätiger und kirchlicher Zwecke (§§ 52 bis 54 der Abgabenordnung) bis zur Höhe von insgesamt 720 € im Jahr steuerfrei (Gesetz zur Stärkung des Ehrenamtes, anwendbar ab 1.1.2013).

Da sich die Steuerbefreiung wie ein Freibetrag auswirkt, ist erst der übersteigende Betrag steuer- und ggf. sozialversicherungspflichtig, bei Arbeitnehmern entweder als Minijob oder aber im Rahmen eines sozialversicherungspflichtigen Beschäftigungsverhältnisses, bei Selbstständigen im Rahmen der Gewinneinkunftsarten oder als sonstige Einkünfte nach § 22 Nr. 3 EStG.

Im Schreiben vom 25.11.2008 (BStBl. I S. 985) hat das BMF zur Anwendung des § 3 Nr. 26a EStG Stellung genommen.

7.5.2 Anspruchsberechtigte

Die Ehrenamtspauschale kann entgegen dem Wortlaut gerade nicht derjenige in Anspruch nehmen, der ehrenamtlich (also unentgeltlich) für eine begünstigte Körperschaft tätig ist, sondern derjenige, der für seinen Zeitaufwand eine Vergütung von der Körperschaft erhält. Notwendige Aufwendungen (Porto, Telefon, Fahrtkosten) konnten bisher schon steuerfrei ersetzt werden.

Grundsätzlich fallen unter die Ehrenamtspauschale alle Personen, die bei der Körperschaft als Funktionäre, Arbeitnehmer oder in deren Auftrag tätig sind. Hierzu gehört insbesondere die Tätigkeit als:

- Vorsitzender, stv. Vorsitzender,
- Schatzmeister, Kassenwart,
- Schriftführer,
- Geschäftsführer,
- Abteilungsleiter,
- Bürokraft für Buchhaltung oder Mitgliederverwaltung,
- Platzwart, Zeugwart,
- Hausmeister,
- Reinigungskräfte,
- Ordner,
- Schiedsrichter,
- Aufsicht im Schwimmbad,
- Hunde- oder Pferdetrainer,
- Mitarbeiter im Rahmen von „Essen auf Rädern“,

Nicht begünstigt ist nach dem o. g. BMF-Schreiben die Tätigkeit als Sportler. Diese Rechtsauffassung ist allerdings m. E. nicht mit dem

Wortlaut der Vorschrift vereinbar und dürfte zu gerichtlichen Auseinandersetzungen führen.

7.5.3 Umfang der Tätigkeit

Nach § 3 Nr. 26a EStG werden nur nebenberufliche Tätigkeiten begünstigt, dies bedeutet, dass die Tätigkeit nicht mehr als 1/3 der Arbeitszeit eines vergleichbaren Vollzeiterwerbs – bezogen auf das Kalenderjahr – in Anspruch nehmen darf (ca. 550 Stunden/Jahr). Übt ein Steuerpflichtiger mehrere verschiedenartige Tätigkeiten aus, ist die Nebenberuflichkeit für jede Tätigkeit getrennt zu beurteilen. Mehrere gleichartige Tätigkeiten (auch bei verschiedenen Vereinen) müssen zusammengerechnet werden, wenn sie sich nach der Verkehrsanschauung als Ausübung eines einheitlichen Hauptberufs darstellen (z. B. Erledigung der Buchführung bei mehreren Vereinen). Eine Tätigkeit wird nicht nebenberuflich ausgeübt, wenn sie als Teil der Haupttätigkeit anzusehen ist. Dies ist auch bei formaler Trennung von nichtselbständiger und selbständiger Tätigkeit für denselben Arbeitgeber anzunehmen (z. B. ein hauptamtlicher Geschäftsführer ist auch noch als Abteilungsleiter für den Verein tätig).

7.5.4 Förderung steuerbegünstigter Zwecke

Vergütungen sind nur dann steuerfrei, wenn die Tätigkeit zur Förderung gemeinnütziger, mildtätiger oder kirchlicher Zwecke im Dienst oder Auftrag einer juristischen Person des öffentlichen Rechts (Stadt, Land, Bund, Hochschule, Steuerberaterkammer, Industrie- und Handelskammer) oder einer steuerbegünstigten Körperschaft des privaten Rechts (Verein, Stiftung, gGmbH) ausgeübt wird. Die Tätigkeit bei Berufsverbänden (Arbeitgeberverbände, Gewerkschaften) oder Parteien ist nicht begünstigt.

Aufwandsentschädigungen für ehrenamtlich tätige Betreuer, Vormünder und Pfleger fallen ab dem Veranlagungszeitraum 2011 ausschließlich unter die Befreiungsvorschrift des § 3 Nr. 26b EStG.

Die Tätigkeit muss im steuerbegünstigten Bereich (Ideeller Bereich oder Zweckbetrieb) ausgeübt werden, eine Tätigkeit in der Vermögensverwaltung oder im steuerpflichtigen wirtschaftlichen Geschäftsbetrieb erfüllt die Voraussetzungen nicht. Der Zeugwart einer Fußballprofimannschaft kann die Ehrenamtspauschale deshalb ebenso wenig erhalten, wie die Helfer bei Vereinsfesten.

Die Tätigkeit kann auch im steuerbegünstigten Bereich einer juristischen Person des öffentlichen Rechts ausgeübt werden (z. B. als Aufsichtsperson im Schwimmbad oder als nebenberuflicher Kirchenvorstand). Dabei spielt es keine Rolle, wenn die Tätigkeit auch in den Hoheitsbereich der öffentlich-rechtlichen Körperschaft fällt.

Musste früher die Tätigkeit für eine inländische Körperschaft oder juristische Person des öffentlichen Rechts ausgeübt werden, wurde diese Beschränkung durch das JStG 2009 aufgehoben.

7.5.5 Kollision mit anderen Steuervergünstigungen

Die Ehrenamtspauschale wird nicht gewährt, wenn die betreffenden Personen bereits ganz oder teilweise von den Regelungen der "Übungsleiterpauschale" nach § 3 Nr. 26 EStG (2.400 €/Jahr) oder von Aufwandsentschädigung aus öffentlichen Kassen nach § 3 Nr. 12 EStG (z. B. Feuerwehrleute) profitieren.

Etwas anderes gilt in den Fällen, in denen ein nebenberuflicher Trainer oder Übungsleiter gleichzeitig eine weitere ehrenamtliche Tätigkeit im Verein ausübt.

Beispiel:

Der 1. Vorsitzende erhält vom Sportverein für die Teilnahme an Vorstandssitzungen ein Sitzungsgeld von 700 €. Er leitet außerdem donnerstags das Seniorenturnen und erhält dafür 2.400 €.

Der 1. Vorsitzende kann sowohl die steuerfreie Einnahme nach § 3 Nr. 26 EStG für seine Übungsleitertätigkeit wie auch die steuerfreie Einnahme nach § 3 Nr. 26a EStG für die Vorstandstätigkeit in Anspruch nehmen. Es handelt sich nicht um Vergütungen für ein und dieselbe Tätigkeit.

Die Tätigkeiten müssen allerdings eindeutig voneinander trennbar sein und besonders vergütet werden. Außerdem sind eindeutige Vereinbarungen erforderlich. Einsatz- und Bereitschaftsdienstzeiten der Rettungssanitäter und Ersthelfer sind als einheitliche Tätigkeit zu behandeln, die insgesamt nach § 3 Nr. 26 EStG begünstigt sein kann und für die deshalb auch nicht teilweise die Steuerbefreiung nach § 3 Nr. 26a EStG gewährt wird.

Andere Steuerbefreiungsvorschriften sind jedoch neben § 3 Nr. 26a EStG anwendbar (z. B. § 3 Nr. 13 oder 16 EStG). Die Vorschriften sind in der Reihenfolge anzuwenden, wie sie für die Steuerpflichtigen am günstigsten sind.

Erzielt ein Steuerpflichtiger Einnahmen, die teils für eine nach § 3 Nr. 26a EStG begünstigte Tätigkeit und teils für eine andere Tätigkeit bezahlt werden, ist lediglich für den entsprechenden Anteil nach § 3 Nr. 26a EStG der Freibetrag zu gewähren.

Beispiel:

Die Buchhalterin erhält vom Verein für ihre Aufwendungen monatlich 40 €. Sie bucht zu 50 % Vorgänge im steuerbegünstigten Bereich sowie zu 50 % Vorgänge in der Vermögensverwaltung und im steuerpflichtigen wirtschaftlichen Geschäftsbetrieb.

Die Buchhalterin kann die Ehrenamtspauschale nur in Höhe von 50 % von 480 € = 240 € geltend machen. Da die Buchhalterin als Arbeitnehmerin anzusehen ist, muss der Verein für die restlichen 240 € Sozialversicherungsbeiträge und evtl. Lohnsteuer abführen.

7.5.6 Berücksichtigung der Ehrenamtspauschale

Die Ehrenamtspauschale kann jährlich bis zu 720 € ohne Einzelnachweis von der Körperschaft gewährt werden. Sie führt bei den Gewinneinkunftsarten und bei den sonstigen Einkünften zu steuerfreien Einnahmen und bei nichtselbstständiger Arbeit zur Lohnsteuerfreiheit. Die Körperschaft muss in dieser Höhe auch keine Sozialversicherungsbeiträge abführen (§ 14 Abs. 1 SGB IV).

Die Ehrenamtspauschale kann auch bei einer nur vorübergehenden Tätigkeit in voller Höhe in Anspruch genommen werden kann.

Beispiel:

Eine Reinigungskraft erhält vom Verein für ihren Zeitaufwand für das Reinigen der Umkleidekabinen im Tennisclubheim von April bis Oktober monatlich 100 €.

Da der Gesamtbetrag jährlich 720 € (7 x 100 € = 700 €) nicht übersteigt, ist die Einnahme bei der Reinigungskraft steuerfrei, soweit sie nicht im steuerpflichtigen wirtschaftlichen Geschäftsbetrieb (Gaststätte) tätig ist. Der Verein muss keine Lohnsteuer und Sozialversicherungsbeiträge abführen.

Sind die tatsächlichen Aufwendungen höher als die Ehrenamtspauschale, kann der ehrenamtlich Tätige die höheren Aufwendungen in der Einkommensteuererklärung berücksichtigen. Ein zusätzlicher Abzug des Freibetrages ist nicht möglich.

Beispiel:

Der Schatzmeister erhält vom Verein für seine Aufwendungen jährlich 1.500 €. Seine tatsächlichen nachgewiesenen Aufwendungen betragen 800 €.

Der Schatzmeister hat die Einnahmen in Höhe von 1.500 € zu erklären und kann die tatsächlich (nachgewiesenen) Ausgaben als Werbungskosten oder Betriebsausgaben abziehen. Es verbleibt somit ein steuerpflichtiger Betrag von 700 €.

Da die steuerfreie Einnahme nach § 3 Nr. 26a EStG personenabhängig und nicht tätigkeitsabhängig ist, erhält jeder ehrenamtlich Tätige diesen Betrag nur einmal jährlich.

Beispiel:

Der Schatzmeister erhält vom Sportverein für seine Aufwendungen 400 €. Ein Ehrenamt zieht das andere nach sich; so ist er beim MV Frohsinn Schriftführer und erhält für diese Tätigkeit 350 € und hilft dem Bürgerverein beim Austeilen der Vereinsnachrichten für 200 € (keine Werbebroschüre).

Der Ehrenamtliche hat aus allen drei Tätigkeiten insgesamt 950 € erhalten. Nach Abzug von 720 € muss er 230 € in seiner Einkommensteuererklärung angeben und versteuern. Sollten die tatsächlichen Ausgaben höher als 720 € sein, kann er den übersteigenden Betrag zusätzlich von den Einnahmen abziehen.

Die Ehrenamtspauschale ist auch bei der Zusammenveranlagung von Ehegatten personenbezogen zu berücksichtigen. Eine Übertragung des nicht ausgeschöpften Teils von einem Ehegatten auf den anderen ist nicht möglich.

7.5.7 Auszahlung der Ehrenamtspauschale

Der Mittelbindungsgrundsatz (§ 55 Abs. 1 AO) ist auch bei der Ehrenamtspauschale zu berücksichtigen. Das bedeutet:

- Die Pauschale darf nur gewährt werden, wenn die Satzung des Vereins Zahlungen für Zeitaufwand an den Vorstand zulässt;
- die Pauschale darf nur bei Tätigkeiten für satzungsmäßige Zwecke gewährt werden;
- der Zahlung muss eine Gegenleistung des Empfängers für den Verein gegenüberstehen;
- die Zahlung darf nicht überhöht sein.

Die Pauschale darf auch auf keinen Fall für „Geldgeschenke" an Mitglieder und Amtsträger missbraucht werden. Hier gilt nach wie vor die 40-Euro-Grenze für Annehmlichkeiten – und auch nur dann, wenn es sich um Sachgeschenke handelt.

Insbesondere müssen die satzungsrechtlichen Voraussetzungen überprüft und ggf. geschaffen werden, damit ehrenamtliche Mitarbeiter – insbesondere Vorstandsmitglieder – überhaupt pauschale Zahlungen erhalten können. Gemeinnützigkeitsrechtlich gilt, dass Vergütungen, die über einen Aufwandsersatz nach § 670 BGB hinausgehen, nur zulässig sind, wenn die Satzung entsprechende Regelungen enthält.

Je nach Satzung ist ggf. ein Mitgliederbeschluss erforderlich, um dem Ehrenamt zum Steuerfreibetrag zu verhelfen. Ist in der Satzung geregelt, dass die Organe der Körperschaft „ehrenamtlich" oder „unentgeltlich" tätig sind, darf die Ehrenamtspauschale nicht ausbezahlt werden. Haben die früheren BMF-Schreiben nur die Streichung des Wortes „ehrenamtlich" für die Auszahlung der Ehrenamtspauschale verlangt, so hat das BMF-Schreiben vom 22.4.2009 (DB 2009 S. 987) völlig überraschend die Auszahlung von einer positiven Bestimmung abhängig gemacht. Danach ist eine Zahlung an den Vorstand für den Zeitaufwand nur gemeinnützigkeitsrechtlich unschädlich, wenn die Satzung dies ausdrücklich erlaubt (jetzt normiert in § 27 Abs. 3 Satz 2 BGB i. d. F. des Ehrenamtsstärkungsgesetzes). In die Satzung ist deshalb z. B. folgende Formulierung aufzunehmen:

§ x Organe des Vereins

(1) Organe des Vereins sind der Vorstand und die Mitgliederversammlung.

(2) Die Mitglieder des Vorstandes haben Anspruch auf Ersatz der ihnen entstandenen notwendigen Auslagen und Aufwendungen. Für den Zeitaufwand der Mitglieder des Vorstandes kann die Mitgliederversammlung eine in ihrer Höhe angemessene Vergütung beschließen. (*Bei größeren Vereinen:* Bei Bedarf kann ein hauptamtlicher Vorstand oder Geschäftsführer bestellt werden).

M. E. nicht empfehlenswert:

(2) Die Mitglieder des Vorstandes haben Anspruch auf Ersatz der ihnen entstandenen notwendigen Auslagen und Aufwendungen. Für den Zeitaufwand dieser Funktionäre kann die Mitgliederversammlung eine Vergütung bis zur Höhe der Ehrenamtspauschale des § 3 Nr. 26a EStG beschließen.
(in manchen Fällen ist auch eine höhere „Bezahlung" als 720 € notwendig)

Wurde aufgrund der Neuregelung bisher die Ehrenamtspauschale an Vorstandsmitglieder ausbezahlt, obwohl die Satzung eine ehrenamtliche Tätigkeit des Vorstandes vorschreibt oder keine entsprechende positive Bestimmung enthalten war, wird das Finanzamt nach dem o. g. BMF-Schreiben keine negativen Schlüsse ziehen, wenn

1. die Zahlungen nicht unangemessen hoch gewesen sind (§ 55 Abs. 1 Nr. 3 AO)

und

2. die Mitgliederversammlung bis zum 31.12.2010 eine Satzungsänderung beschlossen hat, die Tätigkeitsvergütungen zulässt. An die Stelle einer Satzungsänderung kann ein Beschluss des Vorstandes treten, künftig auf Tätigkeitsvergütungen zu verzichten (BMF-Schreiben vom 14.10.2009, DStR 2009, S. 2254).

Da die Körperschaft die Erfüllung der Anforderungen an die neue Ehrenamtspauschale nachweisen muss, empfiehlt sich, nicht nur die Zahlungen zu dokumentieren, sondern auch die Art und den Umfang der Tätigkeit schriftlich festzuhalten.

7.5.8 Auszahlung an Arbeitnehmer

Die begrenzte steuerliche Freistellung der Entschädigung an den genannten Personenkreis vereinfacht für die Körperschaft und die begünstigten Empfänger die verwaltungsmäßige Abwicklung solcher Vergütungen. Bei unselbstständig Tätigen entfällt ein Lohnsteuer- und Sozialversicherungsbeitragsabzug, soweit die Jahresbezüge 720 € nicht übersteigen. Allerdings muss der Arbeitnehmer dem Verein schriftlich versichern, dass er die Aufwandsentschädigung nicht bereits bei anderen Arbeitgebern in Anspruch nimmt. Die Bestätigung ist zum Lohnkonto zu nehmen.

Die Körperschaft kann entweder Arbeitslöhne bis 720 € unversteuert lassen und danach die allg. Lohnsteuer- und Sozialversicherungsregelungen anwenden oder sie kann bei Arbeitnehmern, die laufend beschäftigt werden, pro Monat 60,00 € unversteuert und ohne Sozialversicherungsabzug ausbezahlen.

Bei Arbeitnehmern ist besonders zu beachten, dass

- andere Steuerbefreiungsvorschriften (z. B. § 3 Nr. 13, 16 und 50 EStG) unberührt bleiben und bei Arbeitnehmern zusätzlich in Anspruch genommen werden können (Ausnahme § 3 Nr. 12 und 26 EStG),
- der Arbeitnehmer-Pauschbetrag von 1.000 € (§ 9a Satz 1 Nr. 1a EStG) aus Vereinfachungsgründen zusätzlich gewährt wird, wenn kein weiteres Arbeitsverhältnis vorliegt,
- bei der Pauschalierung der Lohnsteuer nach § 40a EStG die steuerfreie Aufwandsentschädigung nach § 3 Nr. 26 EStG sowohl für die Feststellung, ob die in § 40a EStG genannten Grenzen eingehalten sind, als auch für die Lohnsteuererhebung selbst außer Betracht bleibt. Dies gilt auch für die Beurteilung, ob ein sog. Minijob vorliegt.

Beispiel:

Ein nebenberuflicher Zeugwart erhält von einem Sportverein monatlich 510 € Arbeitslohn. Zusätzlich werden ihm noch Reisekosten für Auswärtsspiele in Höhe von 50 € gewährt.

Einnahmen	560,00 €
./. steuerfreie Reisekosten § 3 Nr. 16 EStG	- 50,00 €
./. Ehrenamtspauschale § 3 Nr. 26a EStG	- 60,00 €
Stpfl. Einkünfte § 19 EStG	**450,00 €**

Der Verein kann die Tätigkeit als Minijob behandeln und pauschale Lohnsteuer und Sozialversicherungsbeiträge abführen.

7.5.9 Rückspende an den Verein

Viele Vereine gewähren ihren zahlreichen Funktionären eine einheitliche Vergütung genau in Höhe der Ehrenamtspauschale, die dann von den Funktionären wieder zurückgespendet wird.

Wird die Ehrenamtspauschale am Ende des Jahres an die Funktionäre ausbezahlt und spendet der Funktionär diesen Betrag an die Körperschaft zurück, ist gegen die Ausstellung einer Zuwendungsbestätigung nichts einzuwenden. Viele Vereine zahlen die Ehrenamtspauschale jedoch nicht aus, sondern bedienen sich der sog. Aufwandsspende (vgl. § 10b Abs. 3 Sätze 5 und 6 EStG). Eine Aufwandsspende, bei der kein Geld fließt, sondern die Zahlung nur innerhalb der Buchhaltung von „Ausgaben Pauschaler Aufwandsersatz Funktionäre“ auf „Einnahmen Spenden“ umgebucht wird, ist nur unter bestimmten Voraussetzungen zulässig (vgl. Tz. 8.9).

7.6 Steuerbefreiung für nebenberuflich tätige Übungsleiter, Ausbilder, Erzieher (§ 3 Nr. 26 EStG)

7.6.1 Allgemeines

Einnahmen aus nebenberuflichen Tätigkeiten als Übungsleiter, Ausbilder, Erzieher, Betreuer oder vergleichbaren nebenberuflichen Tätigkeiten, aus nebenberuflichen künstlerischen Tätigkeiten oder der nebenberuflichen Pflege alter, kranker oder behinderten Menschen zur Förderung gemeinnütziger, mildtätiger oder kirchlicher Zwecke im Dienst oder Auftrag einer juristischen Person des öffentlichen Rechts oder einer steuerbegünstigten privatrechtlichen Körperschaft sind bis zur Höhe von insgesamt 2.400 € (bis 31.12.2012: 2.100 €) im Jahr von der Einkommensteuer (Lohnsteuer) befreit. Das gilt gleichermaßen für selbstständig (freiberuflich) ausgeübte wie für unselbstständig wahrgenommene nebenberufliche Tätigkeiten. Die Übungsleiterpauschale wirkt deshalb wie ein Freibetrag, der von den Einahmen aus diesen Tätigkeiten abgezogen werden kann.

Die Befreiung gilt auch für die Sozialversicherungspflicht nach § 14 Abs.1 SGB IV.

7.6.2 Anspruchsberechtigte

Die Übungsleiterpauschale können zunächst Übungsleiter, Ausbilder, Erzieher oder Personen erhalten, die eine vergleichbare nebenberufliche Tätigkeit durchführen. Diese Personen haben miteinander gemeinsam, dass Sie auf andere Menschen durch persönlichen Kontakt Einfluss nehmen, um auf diese Weise deren geistige und körperliche Fähigkeiten zu entwickeln und zu fördern (vgl. R 3.26 Abs. 1 LStR 2011). Hierzu gehört insbesondere die Tätigkeit als:

- Sporttrainer
- Dirigent, Chorleiter, Musiklehrer
- Arzt im Behinderten- und Koronarsport
- Erste-Hilfe-Ausbilder
- Lehrbeauftragter an Hochschulen und Volkshochschulen

- Dozent bei Steuerberaterkammern, IHKs oder Handwerkskammern
- Prüfer oder Korrektor von Klausuren (z. B. Steuerberaterprüfung).

Eine besondere Prüfung oder eine Lizenz ist nicht erforderlich. Seit 2000 gehört auch der Betreuer zu den begünstigten Personen. Hierbei handelt es sich jedoch nicht um den Betreuer im Sinne des Betreuungsrechts des BGB (s. hierzu § 3 Nr. 26b EStG), sondern um Personen mit direktem, pädagogisch ausgerichtetem Kontakt zu den von ihnen betreuten Menschen. Dies sind insbesondere Mannschaftsbetreuer und Jugendleiter im Sport, aber auch Ferienbetreuer und Schulwegbegleiter.

Auch die nebenberufliche Pflege alter, kranker oder behinderter Menschen fällt unter die Vergünstigung. Dies beinhaltet insbesondere folgende Tätigkeiten:

- Die häusliche Betreuung durch ambulante Pflegedienste,
- die Altenhilfe,
- Sofortmaßnahmen gegenüber Schwerkranken und Verunglückten, z. B. Rettungssanitäter und Ersthelfer im Rahmen nebenberuflicher Hilfsdienste,
- die Zubereitung von Mahlzeiten und Hilfeleistungen bei der Einnahme von Medikamenten und Mahlzeiten. Dies gilt auch für die Hilfeleistungen beim An- und Auskleiden sowie sonstige Hilfsdienste wie Einkaufen oder das Erledigen des Schriftverkehrs,
- Tätigkeit als Krankenschwester in einem Krankenhaus,
- Tätigkeiten in Bahnhofsmissionen oder Telefonseelsorge.

Ebenso wird auch die nebenberufliche künstlerische Tätigkeit von § 3 Nr. 26 EStG erfasst. Darunter fallen insbesondere:

- Sänger und Musiker,
- Organisten,
- Schauspieler eines Theatervereins,
- Komparsen und Statisten (soweit eine gewisse Gestaltungshöhe bei eigenschöpferischer Leistung gegeben ist).

Nicht unter die Begünstigung des § 3 Nr. 26 EStG fallen die Tätigkeiten von:

- Vorsitzender, Schatzmeister, Kassenwart, Schriftführer,
- Bürokraft für Buchhaltung, Mitgliederverwaltung,
- Platzwart, Zeugwart,

- Ordner,
- Bereitschaftssanitäter bei Veranstaltungen,
- Schiedsrichter,
- Sportler,
- Hunde- oder Pferdetrainer.

Diese Personen können jedoch evtl. die Ehrenamtspauschale nach § 3 Nr. 26a EStG in Anspruch nehmen.

Erzielt ein Steuerpflichtiger Einnahmen, die teils für eine nach § 3 Nr. 26 EStG begünstigte Tätigkeit und teils für eine andere Tätigkeit bezahlt werden, ist lediglich für den entsprechenden Anteil nach § 3 Nr. 26 EStG der Freibetrag zu gewähren.

7.6.3 Umfang der Tätigkeit

Nach § 3 Nr. 26 EStG werden wie in § 3 Nr. 26a EStG nur nebenberufliche Tätigkeiten begünstigt (s. hierzu Tz. 7.5.2).

7.6.4 Förderung steuerbegünstigter Zwecke

Vergütungen sind nur dann steuerfrei, wenn die Tätigkeit zur Förderung gemeinnütziger, mildtätiger oder kirchlicher Zwecke im Dienst oder Auftrag einer juristischen Person des öffentlichen Rechts oder einer steuerbegünstigten Körperschaft des privaten Rechts ausgeübt wird (s. hierzu Tz. 7.5.4).

7.6.5 Berücksichtigung auch bei kurzfristiger Beschäftigung

Die Übungsleiterpauschale ist ein Jahresbetrag, der auch bei einer nur vorübergehenden Tätigkeit in voller Höhe in Anspruch genommen werden kann. Der Betrag ist aber nicht tätigkeits- sondern personenbezogen, d. h., dass er auch bei verschiedenen begünstigten Tätigkeiten für mehrere Körperschaften nur einmal im Kalenderjahr gewährt wird.

7.6.6 Berücksichtigung bei selbstständiger Tätigkeit

Von den begünstigten Einnahmen kann die Übungsleiterpauschale als Betriebsausgabenpauschale in Abzug gebracht werden. Mit der nebenberuflichen Tätigkeit unmittelbar zusammenhängende tatsächlich angefallene Betriebsausgaben dürfen nur abgezogen werden, soweit sie die Übungsleiterpauschale übersteigen.

Beispiel:

Ein nebenberuflich selbstständig tätiger Trainer erhält von einem Sportverein 6.000 € im Kalenderjahr. Im Zusammenhang mit der Tätigkeit erwachsen ihm 2.500 € Aufwendungen (Fahrtkosten, Telefon, Sportkleidung).

Einnahmen	6.000 €
./. Übungsleiterfreibetrag	- 2.400 €
./. Betriebsausgaben 2.500 € - 2.400 € =	- 100 €
Einkünfte aus § 18 EStG	**3.500 €**

Der Übungsleiter hat diese Einkünfte in seiner Einkommensteuererklärung anzugeben.

7.6.7 Auszahlung an Arbeitnehmer

Die begrenzte steuerliche Freistellung der Entschädigung an den genannten Personenkreis vereinfacht für die Körperschaft und die begünstigten Empfänger die verwaltungsmäßige Abwicklung solcher Vergütungen. Bei unselbstständig Tätigen entfällt ein Lohnsteuer- und Sozialversicherungsbeitragsabzug, soweit die Jahresbezüge 2.400 € nicht übersteigen. Allerdings muss der Übungsleiter dem Verein schriftlich versichern, dass er die Aufwandsentschädigung nicht bereits bei anderen Arbeitgebern in Anspruch nimmt. Die Bestätigung ist zum Lohnkonto zu nehmen.

Die Körperschaft kann entweder Arbeitslöhne bis 2.400 € unversteuert lassen und danach die allg. Lohnsteuer- und Sozialversicherungsregelungen anwenden oder sie kann bei Arbeitnehmern, die laufend beschäftigt werden, pro Monat 200 € unversteuert und ohne Sozialversicherungsabzug ausbezahlen.

Bei Arbeitnehmern ist besonders zu beachten, dass

- andere Steuerbefreiungsvorschriften (z. B. § 3 Nr. 12, 13, 16, und 50 EStG) unberührt bleiben und bei Arbeitnehmerübungsleitern zusätzlich in Anspruch genommen werden können (Ausnahme § 3 Nr. 26a EStG),

- der Arbeitnehmer-Pauschbetrag von 1.000 € (§ 9a Satz 1 Nr. 1a EStG) aus Vereinfachungsgründen zusätzlich gewährt wird, wenn kein weiteres Arbeitsverhältnis vorliegt,
- bei der Pauschalierung der Lohnsteuer nach § 40a EStG die steuerfreie Aufwandsentschädigung nach § 3 Nr. 26 EStG sowohl für die Feststellung, ob die in § 40a EStG genannten Grenzen eingehalten sind, als auch für die Lohnsteuererhebung selbst außer Betracht bleibt. Dies gilt auch für die Beurteilung, ob ein sog. Minijob vorliegt.

Beispiel:

Ein nebenberuflicher Musiker erhält von einem Musikverein monatlich 650 € Arbeitslohn. Zusätzlich werden ihm noch Reisekosten in Höhe von 300 € gewährt.

Einnahmen	950 €
./. steuerfreie Reisekosten § 3 Nr. 16 EStG	- 300 €
./. Übungsleiterpauschale § 3 Nr. 26 EStG	- 200 €
Stpfl. Einkünfte § 19 EStG	450 €

Der Verein kann die Tätigkeit als Minijob behandeln und pauschale Lohnsteuer und Sozialversicherungsbeiträge abführen.

7.6.8 Rückspende an den Verein

Viele Sportvereine gewähren ihren zahlreichen Übungsleitern eine einheitliche Vergütung genau in Höhe der Übungsleiterpauschale, die dann von den Übungsleitern wieder zurückgespendet wird. In den meisten Fällen erfolgt keine Auszahlung und Rückspende, sondern dem Übungsleiter wird nur eine Zuwendungsbestätigung gewährt. Grundsätzlich kann die Übungsleiterpauschale wie die Ehrenamtspauschale als sog. Aufwandsspende (vgl. § 10b Abs. 3 Sätze 5 und 6 EStG) behandelt werden.

Hierbei sind jedoch die in Tz. 8.9 beschriebenen Voraussetzungen unbedingt zu beachten.

7.7 Bemessungsgrundlage für die Lohnsteuer

Bemessungsgrundlage ist der steuerpflichtige Arbeitslohn. Hierbei kann es sich um Geld oder geldwerte Vorteile (Sachbezüge, Wohnung, kostenloses Essen etc.) handeln. Es ist gleichgültig, ob es sich um einmalige oder laufende Einnahmen oder Vorteile handelt.

7.8 Pflichten als Arbeitgeber

Liegt ein Dienstverhältnis vor, so hat der Verein die Pflicht, den Steuerabzug vom steuerpflichtigen Arbeitslohn vorzunehmen und die einbehaltene Lohn- und Kirchensteuer an das Finanzamt abzuführen. Der Verein kann z. B. mit seinen Arbeitnehmern nicht vereinbaren, dass diese ihre lohnsteuerlichen Verpflichtungen mit dem Finanzamt selbst regeln. Eine solche Vereinbarung wäre steuerrechtlich ohne Bedeutung und könnte die Haftung des Vereins nicht ausschließen.

Die Anmeldung der Lohnsteuer im elektronischen Verfahren (ELSTER) sowie die Überweisung der Lohnsteuer an das Finanzamt, haben unaufgefordert bis zu folgenden Terminen zu erfolgen (§ 41a Abs. 2 EStG):

- monatlich bis zum 10. des Folgemonats, wenn die Lohnsteuer im vorausgegangenen Kalenderjahr mehr als 4.000 € betrug,
- quartalsweise bis zum 10. des auf das Quartal folgenden Monats, wenn die Lohnsteuer im vorangegangenen Kalenderjahr zwischen 1.080 € und 4.000 € betrug,
- jährlich zum 10. Januar des Folgejahres, wenn die Lohnsteuer im vorausgegangenen Kalenderjahr nicht mehr als 1.080 € betrug.

7.9 Regelung bei der Sozialversicherung

Abweichend von den Regelungen im Lohnsteuerrecht vertreten die Sozialversicherungsträger die Rechtsauffassung, dass nebenberufliche Übungsleiter in Sportvereinen dann selbstständig tätig sind und nicht der Sozialversicherungspflicht unterliegen, wenn

- die Vergütung nicht mehr als 600 € ab 1.1.2013 beträgt,
  (bis 31.12.2012 betrug der sozialversicherungsfreie Höchstbetrag 575 € (400 € Minijob und 175 € Übungsleiterpauschale). Ob angesichts der Erhöhung der Minijobgrenze auf 450 € und der Anhebung der Übungsleiterpauschale auf 200 €/Monat die sozialversicherungsfreie Vergütung bei einer selbstständigen Tätigkeit auf

max. 650 € angehoben wird, bleibt abzuwarten. Der höhere Übungsleiterfreibetrag kann aber auf jeden Fall ausgenutzt werden)
- und sich aus einem schriftlichen Vertrag eindeutig eine selbstständige Tätigkeit ergibt (selbstständige Leitung der Übungsstunde, kein Urlaub, keine Lohnfortzahlung etc.).

Vereinen, die mit Übungsleitern auf selbstständiger Basis zusammenarbeiten möchten, empfehlen die Sozialversicherungsträger, die Eckpunkte der Zusammenarbeit schriftlich festzuhalten. Hierzu hat der Deutsche Olympische Sportbund (DOSB) in Abstimmung mit den Trägern der Sozialversicherung einen Mustervertrag für nebenberuflich selbstständige Übungsleiter entwickelt. Der Vertragstext kann auf den Internet-Seiten des DOSB (www.dosb.de/de/service/download-center/recht-steuern) heruntergeladen werden. Wird der Vertrag entsprechend den dort vorgeschlagenen Formulierungshilfen geschlossen und halten sich die Vertragspartner an die Vorgaben, können sie sicher sein, dass der Übungsleiter nicht abhängig Beschäftigter des Vereins wird.

Ein Vertrag für sich allein – womöglich mit dem Inhalt „der Übungsleiter hat für seine steuerlichen und sozialversicherungsrechtlichen Abgaben selbst zu sorgen“ – reicht nicht aus.

Es ist weiter zu beachten, dass mehrere selbstständige Tätigkeiten (Übungsleiter bei mehreren Vereinen) zusammen zu rechnen sind. Bei Überschreiten der o. g. Grenzen besteht für den Übungsleiter Rentenversicherungspflicht. Der Verein ist aber weiterhin nicht verpflichtet, Sozialversicherungsbeiträge abzuführen.

Für Sportler gab es bisher keine Sonderregelungen. Auch sogenannte Vertragsamateure unterlagen den normalen Bestimmungen der Sozialversicherung. Die Spitzenorganisationen der Sozialversicherung haben in ihrer Sitzung am 23./24.11.2011 für Amateursportler, die ohne schriftliche gesonderte Vertragsvereinbarung allein aufgrund ihrer mitgliedschaftsrechtlichen Bindungen tätig werden, eine Sonderregelung beschlossen. Danach wird widerlegbar vermutet, dass bei Zahlungen bis zur Höhe von 175 € im Monat keine sozialversicherungsrechtliche relevante Beschäftigung ausgeübt wird. Werden Nachweise geführt, die aus besonderen Gründen (z. B. Transportkosten für notwendiges Sportgerät) einen höheren Aufwand belegen, kann im Einzelfall auch trotz monatlicher Zahlung über 175 € eine sozialversicherungsrechtliche relevante Beschäftigung verneint werden. Bei dem

Betrag von 175 € handelt es sich um eine Freigrenze, das bedeutet, dass bei Überschreitung die gesamte Zuwendung der Sozialversicherung unterliegt.

7.10 Mindestlohn

Durch das Gesetz zur Regelung eines allgemeinen Mindestlohnes (Mindestlohngesetz – MiLoG, BGBl 2014 I S.1348) wurde ab 1.1.2015 ein Mindestlohn von 8,50 € (Brutto-Stundenlohn) eingeführt. Dieser gilt für jeden Arbeitnehmer, auch für geringfügig Beschäftigte (Minijobs), für Teilzeitbeschäftigte und kurzfristig Beschäftigte. Er gilt jedoch nicht für selbstständig Tätige.

Zum Mindestlohn gehören alle Vergütungen, die als Gegenleistung für die vertraglich vereinbarte Arbeitsleistung bezahlt werden. Nicht zum Mindestlohn gehören:

- Fahrtkostenerstattungen
- Trinkgelder
- Besondere Zuschläge (z. B. Sonntag, Feiertag, Nacht, Überstunden)

Der Arbeitgeber kann nicht vertraglich etwas anderes vereinbaren, der Arbeitnehmer kann nicht auf den Mindestlohn verzichten, es sei denn, es wird ein gerichtlicher Vergleich abgeschlossen.

Der Arbeitgeber muss Aufzeichnungen über Beginn, Ende und Dauer der täglichen Arbeitszeit führen. Die Übertragung der Aufzeichnungspflicht auf den Mitarbeiter wird für zulässig erachtet. Die Unterlagen müssen 2 Jahre aufbewahrt werden.

Vom Mindestlohn sind gem. § 22 MiLoG ausgenommen:

- Jugendliche unter 18 Jahren
- Auszubildende
- Praktikanten
- Langzeitarbeitslose
- Ehrenamtliche

Nach § 22 Abs. 1 MiLoG gelten Praktikanten i. S. d. § 26 BerufsbildungsG als Arbeitnehmer und fallen damit unter das MiLoG. Nicht darunter fallen nach § 22 Abs. 1 MiLoG Praktika, die

- verpflichtend aufgrund einer schulrechtlichen Bestimmung, einer Ausbildungsordnung, einer hochschulrechtlichen Bestimmung oder im

Rahmen einer Ausbildung an einen gesetzlich geregelten Berufsakademie abgeleistet werden,
- bis zu 3 Monaten dauern und der Orientierung für eine Berufsausbildung oder für die Aufnahme eines Studiums geleistet werden,
- bis zu 3 Monaten dauern und begleitend zu einer Berufs- oder Hochschulausbildung abgeleistet werden, wenn nicht zuvor ein solches Praktikumsverhältnis mit demselben Auszubildenden bestanden hat.

Ehrenamtlich Tätige fallen nach § 22 Abs. 3 MiLoG auch nicht unter den Mindestlohn. Nach der Gesetzesbegründung ist von einer ehrenamtlichen Tätigkeit auszugehen, wenn sie nicht von der Erwartung einer adäquaten finanziellen Gegenleistung, sondern von dem Willen geprägt ist, sich für das Gemeinwohl einzusetzen.

Nicht unter das MiLoG fallen deshalb:

- Ausbilder, Übungsleiter, Trainer, Betreuer und andere in § 3 Nr. 26 EStG genannte Personen, die jährlich nicht mehr als 2.400 € erhalten,
- sonstige ehrenamtlich tätige Personen i. S. d. § 3 Nr. 26a EStG, die jährlich nicht mehr als 720 € erhalten.

Werden die o. g. Grenzen überschritten, ist der Mindestlohn nicht nur auf den überschießenden Betrag, sondern auf die gesamte Vergütung anzuwenden.

Bei Amateursportlern ist der Mindestlohn nicht anzuwenden, wenn die monatliche Aufwandspauschale 200 € nicht übersteigt. Vertragsamateure, deren Rechte und Pflichten in einem Vertrag schriftlich festgelegt sind, sollen nach einem Spitzengespräch des DOSB/DFB bei der zuständigen Ministerin ebenfalls nicht unter das Gesetz fallen.

Zahlt der Verein den Mindestlohn nicht, obwohl die gesetzlichen Voraussetzungen vorliegen, werden die Sozialabgaben auf Basis des Mindestlohnes berechnet. Weiter liegt ein Verstoß gegen die Gemeinnützigkeit vor, da der Vorstand gegen das Gebot des gesetzestreuen Verhaltens verstößt (AEAO zu § 63, Nr. 5). Die Folge ist der Entzug der Steuerbegünstigung.

8 Spendenrecht

8.1 Einleitung

Durch das Gesetz zur weiteren Stärkung des bürgerschaftlichen Engagements (BGBl. 2007 I S. 2332) wurde auch das Spendenrecht noch weiter vereinfacht und wesentlich verbessert. Weitere Verbesserungen erfolgten durch das Gesetz zur Stärkung des Ehrenamtes (BGBl. I S. 556). Die Regelungen traten rückwirkend zum 1.1.2013 in Kraft.

Die Neuregelungen bringen aber hauptsächlich für den Spender erhebliche Verbesserungen. Die Anforderungen an die steuerbegünstigten Körperschaften für die Ausstellungen von Zuwendungsbestätigungen sind weiterhin sehr hoch. Falsche Bestätigungen oder die Fehlverwendung der Spende in der Körperschaft führen auch weiterhin zur Haftung und zur Aberkennung der Steuerbegünstigung.

8.2 Besteuerung der Spenden bei der Körperschaft

Die einer steuerbegünstigten Körperschaft zufließenden Mitgliedsbeiträge und Spenden unterliegen grundsätzlich nicht der Besteuerung. Sie sind im ideellen Tätigkeitsbereich zu verbuchen. Dabei ist unerheblich, ob die Förderer die Spenden steuerlich absetzen können. Die steuerliche Abzugsfähigkeit der Spenden liegt jedoch auch im Interesse der Körperschaft, weil sie Spendenaufrufen leichter zum Erfolg verhilft.

Eine Körperschaft kann selbst an andere steuerbegünstigte Körperschaften spenden. Gemeinnützigkeitsunschädlich sind aber nur Spenden in Höhe der Hälfte der Mittel der Körperschaft (§ 58 Nr. 2 AO), soweit es sich nicht um Fördervereine oder Förderstiftungen handelt (§ 58 Nr. 1 AO) oder die Voraussetzungen des § 58 Nr. 3 AO vorliegen. Die Spende erfolgt in der Regel aus dem ideellen Bereich. Da dieser ertragsteuerfrei ist, mindert die Spende nicht das Einkommen und es ist keine Zuwendungsbestätigung erforderlich. Stammt die Spende jedoch eindeutig aus dem steuerpflichtigen wirtschaftlichen Geschäftsbetrieb der Körperschaft, mindert die Spende das Einkommen und damit die Körperschaft- und Gewerbesteuer (BFH-Urteil vom 13.3.1991, BStBl. II S. 645).

Ab 1.1.2014 kann eine steuerbegünstigte Körperschaft die gesamten Überschüsse aus der Vermögensverwaltung, Zweckbetrieben und steuerpflichtigen wirtschaftlichen Geschäftsbetrieben und darüber hinaus noch 15 % der sonstigen zeitnah zu verwendeten Mitteln einer anderen steuerbegünstigten Körperschaft oder einer juristischen Person des öffentlichen Rechts zur Vermögensausstattung zuwenden. Voraussetzung ist, dass dieselben steuerbegünstigten Zwecke bei beiden Körperschaften verwirklicht und die Mittel und Erträge von der empfangenden Körperschaft nicht weitergegeben werden (§ 58 Nr. 3 AO).

Die Verwendung von Mitteln des steuerpflichtigen wirtschaftlichen Geschäftsbetriebs im steuerbegünstigten Bereich stellt allerdings keine Spende dar, da die Körperschaft nicht an sich selbst spenden kann.

8.3 Gesetzliche Regelung des Spendenabzugs

Der Spendenabzug ist in folgenden Gesetzen und Rechtsverordnungen geregelt:

- § 10b EStG, § 9 Abs. 1 Nr. 2 KStG, § 9 Nr. 5 GewStG,
- §§ 51 - 68 Abgabenordnung (AO),
- § 50 EStDV.

8.4 Voraussetzungen des Spendenabzuges

Zuwendungen zur Förderung steuerbegünstigter Zwecke im Sinne der §§ 52 - 54 AO können bei der Einkommensteuer des Gebers bis zur Höhe von nun 20 v. H. des Gesamtbetrags der Einkünfte als Sonderausgaben (§ 10b Abs. 1 EStG) abgezogen werden. Eine erhöhte Förderung für Ausgaben zur Förderung mildtätiger, wissenschaftlicher oder der als besonders förderungswürdig anerkannten kulturellen Zwecke, findet nicht mehr statt.

Bei körperschaftsteuerpflichtigen Unternehmen sind die Ausgaben als Aufwendungen im Sinne des § 9 Abs. 1 Nr. 2 KStG und bei der Gewerbesteuer als Kürzung im Sinne des § 9 Nr. 5 GewStG im Rahmen der Höchstbeträge abzugsfähig.

Wenn es für den Steuerpflichtigen günstiger ist, kann er an Stelle des nach dem Gesamtbetrag der Einkünfte berechneten Höchstbetrages 4 v. T. der Summe seiner gesamten Umsätze und der im Kalenderjahr aufgewendeten Löhne und Gehälter als Höchstbetrag abziehen.

Übersicht

Allg. Höchstbetrag	20 % des Gesamtbetrags der Einkünfte
Alternativer Höchstbetrag	4 ‰ der Summe der Umsätze, Löhne und Gehälter
Gründungshöchstbetrag bei Stiftungen	1.000.000 € sowohl bei Neugründung als auch bei Zustiftungen (ab 1.1.2013 bei zusammenveranlagten Ehegatten 2.000.000 €)
Spendenvortrag	Uneingeschränkter Spendenvortrag für alle Zwecke
Erleichterter Spendennachweis § 50 Abs. 1 Nr. 2 EStDV	bis 200 €
Aussteller- und Veranlasserhaftung § 10b Abs. 4 EStG	30 % des zugewendeten Betrages bei ESt + evtl. 15 % bei GewSt

Der Abzug ist allerdings nur möglich, wenn dem Finanzamt eine ordnungsgemäße Zuwendungsbestätigung vorgelegt wird. Die Körperschaft darf eine solche Bescheinigung nur unter folgenden Voraussetzungen ausstellen:

- Es müssen eine Spende und nicht Betriebsausgaben oder Werbungskosten beim Spender vorliegen;
- Spenden für Nutzungen und Leistungen dürfen nicht ausgestellt werden;
- die Spende muss freiwillig geleistet werden, sie darf auf keiner rechtlichen Verpflichtung beruhen;
- der Spende darf keine Gegenleistung der Körperschaft gegenüberstehen;
- Mitgliedsbeiträge, Aufnahmegebühren und Umlagen dürfen nur bei bestimmten Körperschaften bestätigt werden;
- die die Spende empfangende Körperschaft muss wegen Förderung steuerbegünstigter (gemeinnütziger, mildtätiger oder kirchlicher) Zwecke von der Körperschaftsteuer befreit sein;
- die Spenden müssen von der Körperschaft für steuerbegünstigte Zwecke verwendet werden.

8.5 Begriff der Spende

Spenden sind freiwillige und unentgeltliche Ausgaben des Spenders zur Förderung steuerbegünstigter Zwecke, die ohne rechtliche Verpflichtung gegeben werden und denen keine Gegenleistung des Spendenempfängers oder von Dritten gegenübersteht. Spenden führen zu einer endgültigen wirtschaftlichen Belastung des Spenders.

Keine Spenden sind Zuwendungen, die beim Spender zu Betriebsausgaben oder Werbungskosten führen. Die Abgrenzung kann im Einzelfall schwierig sein. Betriebsausgaben oder Werbungskosten liegen in der Regel dann vor, wenn die betriebliche oder berufliche Tätigkeit des Spenders gefördert wird. Entscheidend ist die Motivation des Spenders. Für eine betriebliche Veranlassung spricht insbesondere, wenn der Zuwendung eine Gegenleistung des Zuwendungsempfängers gegenübersteht.

8.6 Keine Zuwendungsbestätigung für Nutzungen und Leistungen

Für Nutzungen und Leistungen dürfen gem. § 10b Abs. 3 Satz 1 EStG keine Zuwendungsbestätigungen ausgestellt werden. In der Praxis ist häufig festzustellen, dass insbesondere Unternehmer und Mitglieder solche unentgeltlichen Leistungen erbringen und um eine Zuwendungsbestätigung bitten.

Beispiel:

Ein Architekt plant unentgeltlich das neue Vereinsheim. Der Bauunternehmer baggert unentgeltlich die Baugrube aus. Das Mitglied fährt unentgeltlich die Jugendlichen zu Auswärtsspielen.

Für diese unentgeltlichen Leistungen darf die Körperschaft keinesfalls eine Zuwendungsbestätigung ausstellen. Eine solche wäre nur dann zulässig, wenn der Unternehmer eine Rechnung (mit USt-Ausweis) erstellt und auf die Bezahlung verzichtet. Die Rechnung ist mit der Bestätigung abzulegen. Das Mitglied kann dann eine Bestätigung erhalten, wenn im Rahmen einer Aufwandspende ein Aufwandsersatz vor der Leistung vereinbart und zeitnah danach auf die Bezahlung verzichtet wird.

8.7 Freiwilligkeit der Spende

Eine Spende ist freiwillig, wenn für die Hingabe keine rechtliche Verpflichtung besteht. Nach dieser Definition sind deshalb Mitgliedsbeiträge, Aufnahmegebühren und Umlagen keine Spenden im engeren Sinne, da das Vereinsmitglied zur Zahlung der Beiträge verpflichtet ist. Mitgliedsbeiträge, Aufnahmegebühren und Umlagen werden jedoch trotzdem zum Abzug zugelassen, da in § 10b EStG nicht von Spenden, sondern von Zuwendungen die Rede ist und im Klammerzusatz die Mitgliedsbeiträge auch ausdrücklich im Gesetz erwähnt werden.

Der Abzug von Mitgliedsbeiträgen, Aufnahmegebühren und Umlagen ist gem. § 10b Abs. 1 Satz 8 EStG, § 9 Abs. 1 Nr. 2 Satz 8 KStG und § 9 Nr. 5 Satz 11 GewStG jedoch bei folgenden Zwecken nicht möglich:

- Förderung des Sports (§ 52 Abs. 2 Nr. 21 AO);
- Förderung kultureller Betätigungen, die in erster Linie der Freizeitgestaltung dienen;
- Förderung der Heimatpflege und Heimatkunde (§ 52 Abs. 2 Nr. 22 AO);
- Förderung der nach § 52 Abs. 2 Nr. 23 AO gemeinnützigen Zwecke.

Aus dieser Beschränkung können sich weitreichende Folgen ergeben:

Beispiel:

Ein Sportverein beschließt in der Mitgliederversammlung eine Umlage in Höhe von 500 € je Mitglied zur Finanzierung des neuen Vereinsheims.

Eine Spende liegt nicht vor, da aufgrund des Rechtsanspruchs des Vereins die Zuwendung nicht freiwillig erfolgte. Die Zuwendung ist auch nicht wie ein Mitgliedsbeitrag abziehbar, da die Förderung des Sports in § 10b Abs. 1 Satz 8 EStG genannt ist.

Eine Spende liegt aber dann vor, wenn der Vorstand appelliert an die moralische Verpflichtung der Mitglieder appelliert, für das Vereinsheim 500 € zu spenden.

Keine Spende liegt bei Geldbeträgen vor, die aufgrund eines Strafverfahrens als Bewährungsauflage oder Sühnezahlung geleistet werden müssen. Aufwendungen zur Erfüllung von Vermächtniszuwendungen des Erben an steuerbegünstigte Einrichtungen erfüllen ebenfalls nicht den Begriff der Spende.

Hinsichtlich Eintrittsspenden bei Golfclubs vertritt die Finanzverwaltung folgende Auffassung:

Ist auf Grund der Satzung oder eines Mitgliederbeschlusses beim Eintritt eine Sonderzahlung zu leisten, liegt keine Spende vor. Liegt keine nachweisbare rechtliche Verpflichtung des Mitglieds vor, leisten aber mehr als 75 % der neu eintretenden Mitglieder eine gleiche oder ähnlich hohe Sonderzahlung, geht die Finanzverwaltung von einer versteckten Aufnahmegebühr aus, die ebenfalls nicht als Spende abziehbar ist. Die 75 %-Grenze stellt allerdings nur eine Orientierungshilfe dar. Entscheidend sind die tatsächlichen Verhältnisse des Einzelfalles.

8.8 Keine Gegenleistung der Körperschaft

Die Spende muss unentgeltlich erfolgen, d. h. der Spende darf keine Gegenleistung der Körperschaft gegenüberstehen oder zwischen Leistung und Gegenleistung darf kein unmittelbarer Zusammenhang bestehen.

Beispiel:

Der Sponsor des Fußballvereins „spendet“ einen Satz Trikots mit Werbeaufdruck.

Hier liegt keine Spende vor, da der Verein eine Gegenleistung, Werbung für den Unternehmer, erbringt.

Sachspenden für eine Tombola sind allerdings als Spenden abzugsfähig, auch wenn auf der Spende ein kleiner Werbeaufdruck des Spenders aufgeklebt ist. Ebenso werden Warengutscheine des Unternehmers für eine Tombola noch als unentgeltliche Zuwendung angesehen.

Liegt eine einheitliche Leistung vor (Bezahlung einer Leistung und Spende) kann nicht aufgeteilt werden. Veranstaltet z. B. ein steuerbegünstigter Verein einen Wohltätigkeitsball für mildtätige Zwecke mit einem Eintrittgeld von 100 € pro Person, ist das Eintrittsgeld auch nicht teilweise als Spende abzugsfähig. Der Verein müsste ein Eintrittsgeld von angenommen 50 € erheben und die Gäste zu freiwilligen Spenden aufrufen. Dabei ist es unschädlich, wenn der Veranstalter eine bestimmte Spendenerwartung beziffert.

Der Kauf von Losen bei einer Tombola oder einer Lotterie ist ebenso wenig als Spende abzugsfähig wie der Kauf von Wohlfahrtsbriefmarken. Eine unentgeltliche Leistung liegt auch nicht vor, wenn eine Zahlung an eine gemeinnützige Einrichtung zur Erfüllung einer Auflage nach § 153a StPO erfolgt (BFH-Urteil vom 19.12.1990, BStBl. II 1991 S. 234).

8.9 Verzicht auf Aufwandsersatz oder Vergütungen

Unentgeltliche Nutzungen (z. B. kostenlose Überlassung von Räumen oder zinslose Gewährung eines Darlehens) und Leistungen (z. B. ehrenamtliche Tätigkeit) können nicht als Spende behandelt werden, da dem Spender insofern kein finanzieller Aufwand entsteht (§ 10b Abs. 3 Satz 1 EStG). Auch die unentgeltliche Arbeitsleistung eines Vereinsmitglieds oder Helfers ist deshalb keine Spende.

Werden die Nutzungen und Leistungen hingegen entgeltlich erbracht, kann der Aufwand gespendet werden. Keine Probleme ergeben sich in der Regel, wenn der (angemessene) Aufwandsersatz oder die Vergütungen an einen Funktionär, Mitglied oder Helfer ausbezahlt werden und der Geldbetrag wieder gespendet wird. Um bei sehr vielen spendenwilligen Funktionären oder Mitarbeitern den Aufwand möglichst gering zu halten, kann unter den folgenden Bedingungen auf die Auszahlung verzichtet werden (sog. Aufwandsspende, s. hierzu BMF-Schreiben vom 25.11.2014, BStBl. I S. 1584):

- Der Spender muss gegenüber der steuerbegünstigten Körperschaft einen Rechtsanspruch auf Auslagenersatz oder Vergütung haben, so dass er die Auszahlung der entsprechenden Beträge tatsächlich verlangen und rechtlich durchsetzen kann.
- Der Anspruch muss sich dabei aus der Satzung, aus einem Vertrag oder auf Grund eines Vorstandsbeschlusses ergeben. Bei einem Vorstandsbeschluss muss der Vorstand durch eine Regelung in der Satzung hierzu ermächtigt sein. Wird bei einer Körperschaft, die vor dem 1.1.2015 gegründet wurde, Aufwandsersatz lediglich aufgrund eines rechtsgültigen Vorstandbeschlusses ohne ausdrückliche Satzungsermäßigung eingeräumt, so muss die Satzung nicht allein zur Einräumung dieser Ermächtigung geändert werden.

- Eine nachträgliche rückwirkende Begründung von Ersatzpflichten durch den Zuwendungsempfänger, z. B. durch eine rückwirkende Satzungsänderung, reicht nicht aus.
- Aufwendungsersatzansprüche aus einer auf einer entsprechenden Satzungsermächtigung beruhenden Vereinsordnung (z. B. Reisekostenordnung) sind Ansprüche aus Satzungen i. S. des § 10b Abs. 3 Satz 5 EStG.
- Der Anspruch muss ernsthaft eingeräumt sein und darf nicht von vornherein unter der Bedingung des Verzichts stehen. Wesentliches Indiz für die Ernsthaftigkeit von Aufwendungsersatzansprüchen ist die wirtschaftliche Leistungsfähigkeit der Körperschaft. Diese muss ungeachtet des späteren Verzichts in der Lage sein, den geschuldeten Aufwendungsersatz zu leisten. Von der wirtschaftlichen Leistungsfähigkeit ist immer dann auszugehen, wenn die Körperschaft über genügend liquide Mittel oder sonstiges Vermögen verfügt, das zur Begleichung der eingegangenen Verpflichtung herangezogen werden kann.
- Auf die Auszahlung des Erstattungsanspruchs muss nachträglich zeitnah verzichtet werden. Die Verzichtserklärung ist dann noch zeitnah, wenn bei einmaligen Ansprüchen innerhalb von 3 Monaten und bei einer regelmäßigen Tätigkeit alle 3 Monate ein Verzicht erklärt wird.

Die vorstehenden Grundsätze gelten entsprechend, wenn der Aufwendungsersatz nach einer vorhergehenden Geldspende ausgezahlt wird.

Bei dem Verzicht auf den Ersatz der Aufwendungen handelt es sich nicht um eine Spende des Aufwands, sondern um eine Geldspende, bei der entbehrlich ist, dass Geld zwischen dem Zuwendungsempfänger und dem Zuwendenden tatsächlich hin und her fließt. In der Zuwendungsbestätigung ist deshalb eine Geldzuwendung zu bescheinigen, aber auch kenntlich zu machen, dass es sich um einen Verzicht auf die Erstattung von Aufwendungen oder Vergütungen handelt. Bei der Frage auf dem Formular „Es handelt sich um den Verzicht auf Erstattung von Aufwendendungen ja oder nein“ muss deshalb „ja“ angekreuzt werden.

Für die Höhe der Zuwendung ist der vereinbarte Ersatzanspruch maßgeblich; allerdings kann ein unangemessen hoher Ersatzanspruch zum Verlust der Gemeinnützigkeit des Zuwendungsempfängers führen (§ 55 Abs. 1 Nr. 3 AO). Eine Zuwendungsbestätigung darf nur erteilt werden, wenn sich der Ersatzanspruch auf Aufwendungen bezieht, die zur Erfüllung der satzungsmäßigen Zwecke des Zuwendungsempfängers erforderlich waren. Werden Vergütung bezahlt, sind die lohnsteuer- und sozialversicherungsrechtlichen Pflichten zu erfüllen.

Der Zuwendungsempfänger muss die zutreffende Höhe des Ersatzanspruchs, über den er eine Zuwendungsbestätigung erteilt hat, durch geeignete Unterlagen im Einzelnen belegen können.

Als Aufwandsersatz können nur die Kosten anerkannt werden, die der Helfer oder ehrenamtlich Tätige als Werbungskosten oder Betriebsausgaben abziehen könnte. Dies ist insbesondere bei Mehraufwendungen für Verpflegung von Bedeutung, da nicht die tatsächlichen Aufwendungen, sondern nur die in § 4 Abs. 5 Nr. 5 EStG normierten Sätze ausbezahlt werden dürfen.

Eine Zuwendungsbestätigung kann nicht nur für den Verzicht auf Aufwandsersatz, sondern auch für den Verzicht auf Vergütungen ausgestellt werden. Dies ist auch dann möglich, wenn der Helfer bei einer Veranstaltung des steuerpflichtigen wirtschaftlichen Geschäftsbetriebs tätig wird. Bei Aufwandsspenden muss der Helfer aber schriftlich versichern, dass er für den ideellen Bereich spendet.

8.10 Wertansatz der Zuwendung

Die ausstellende Körperschaft hat den Wertansatz der Zuwendung zu bestimmen. Während bei Barzuwendungen dies keine Schwierigkeiten bereiten dürfte, ist der Wertansatz bei Sachspenden nicht immer einfach. Zu unterscheiden ist, ob die Zuwendung aus dem Betriebsvermögen oder dem Privatvermögen geleistet wird.

8.10.1 Übersicht

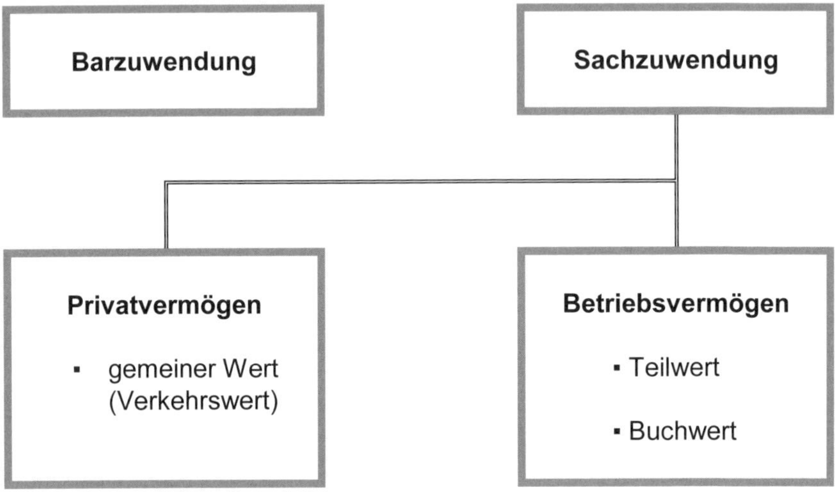

8.10.2 Barzuwendungen

Bei Barzuwendungen ergibt sich hinsichtlich der Feststellung des Wertes der Zuwendung keine Schwierigkeit. Der dem Verein zufließende Betrag ist auch der Betrag, der in der Zuwendungsbestätigung zu bestätigen ist. Dabei ist darauf zu achten, dass Kosten des Spenders für die Übermittlung des Betrages, z. B. Bankgebühren, nicht als Spende bestätigt werden dürfen.

8.10.3 Sachzuwendungen

Bei Sachzuwendungen ist zu unterscheiden, ob diese aus dem Privatvermögen oder aus einem Betriebsvermögen geleistet werden.

8.10.3.1 Zuwendungen aus dem Privatvermögen

Eine Sachzuwendung aus dem Privatvermögen ist mit dem gemeinen Wert anzusetzen. Dies ist der im gewöhnlichen Geschäftsverkehr erzielbare Veräußerungspreis (Verkehrswert) einschließlich der Umsatzsteuer. Bei neuen Wirtschaftsgütern ist i. d. R. der Kaufpreis zugrunde zu legen.

Bei gebrauchten Wirtschaftsgütern ist der Wert teilweise nur sehr schwer zu ermitteln. Wegen der Haftungsregelung in § 10b Abs. 4 EStG empfiehlt es sich, auf die Wertermittlung größte Sorgfalt zu legen und alle verfügbaren Informationsquellen heranzuziehen. Bei größeren

Werten ist die Einholung eines Gutachtens zu empfehlen, um Schwierigkeiten mit dem Finanzamt zu vermeiden. Bei der Bestimmung des Werts eines gebrauchten PKW ist die Schwacke-Liste oder das Angebot eines Kfz-Händlers maßgebend.

Eine Berechnung des Wertes nach steuerrechtlichen Grundsätzen (Anschaffungskosten - Absetzung für Abnutzung) kann nur ein Anhaltspunkt sein. Der Wert einer Sachzuwendung wird aber nicht durch die Anschaffungskosten begrenzt. Bei Gemälden, Münzen oder Briefmarken kann der gemeine Wert erheblich über den Anschaffungskosten des Spenders liegen.

Aufgrund der Änderung im JStG 2009 wurde der Ansatz mit dem gemeinen Wert aber dahingehend eingeschränkt, dass nur noch die fortgeschriebenen Anschaffungs- oder Herstellungskosten angesetzt werden dürfen, wenn die Veräußerung des Wirtschaftsgutes zu einem Besteuerungstatbestand führen würde (§ 10b Abs. 3 Satz 3 EStG).. Dies ist insbesondere dann der Fall, wenn eine Beteiligung gem. § 17 EStG übertragen wird, oder Wirtschaftgüter, deren Veräußerung nach § 23 EStG steuerpflichtig wäre.

Bei den meisten gebrauchten Gegenständen des Privatvermögens (z. B. Möbel, Kleider) kommt, wenn überhaupt, nur ein geringer Spendenabzug in Betracht, da diese Gegenstände nicht oder nur zu einem sehr niedrigen Preis verkauft werden können. Im Urteil vom 23.5.1989 (BStBl. II S. 879) hat der BFH zwar bestätigt, dass auch gebrauchte Wirtschaftsgüter Gegenstand einer Sachzuwendung sein können, dass aber die für den Wert der Spende maßgeblichen Faktoren wie Neupreis, Zeitraum zwischen Anschaffung und Wertabgabe sowie der tatsächliche Erhaltungszustand vom Spender nachzuweisen sind. Können diese Feststellungen nicht mehr getroffen werden, kommt ein Spendenabzug nicht in Betracht.

8.10.3.2 Zuwendungen aus dem Betriebsvermögen

Stammt die Sachzuwendung aus dem Betriebsvermögen des Spenders, ist sie mit dem Teilwert anzusetzen (§ 6 Abs. 1 Nr. 4 EStG). Der Teilwert ist der Wert, den ein Käufer des gesamten Betriebes für den einzelnen Gegenstand zahlen würde. In der Regel sind dies die Kosten, die der Unternehmer für die Wiederbeschaffung des Gegenstandes aufwenden müsste. Bei Waren entspricht der Teilwert daher regelmäßig den Anschaffungskosten. Bei Wirtschaftsgütern des Anlagevermögens (z. B. Kfz) wird der Teilwert über dem Buchwert liegen. Die Aufdeckung der stillen Reserven wird jedoch durch den Spendenabzug wieder kompensiert.

Bei Entnahme der Sachzuwendung aus einem Betriebsvermögen darf höchstens der Entnahmewert als Spende bescheinigt werden und nicht der möglicherweise höhere gemeine Wert (§ 10b Abs. 3 Satz 2 EStG).

Gem. § 6 Abs. 1 Nr. 4 Satz 4 EStG können Sachzuwendung an steuerbefreite Körperschaften i. S. d. § 5 Abs. 1 Nr. 9 KStG oder an eine juristische Person des öffentlichen Rechts zur Verwendung für steuerbegünstigte Zwecke auch zum Buchwert entnommen werden. In der Zuwendungsbestätigung darf aber dann auch nur dieser Buchwert bescheinigt werden. Diese Regelung ist dann von Vorteil, wenn die Sachzuwendung sehr hoch ist und die Zuwendung im Rahmen der Höchstbeträge nicht in voller Höhe abgezogen werden könnte. Die Aufdeckung der stillen Reserven führt sonst zu einer Steuerbelastung, die nicht durch den Spendenabzug kompensiert werden kann.

Die bei der Entnahme einer Sachzuwendung aus dem Betriebsvermögen entstehende Umsatzsteuer (§ 3 Abs. 1b Nr. 1 UStG) ist dem Entnahmewert (Teilwert oder Buchwert) zuzurechnen und der Gesamtbetrag als Spende zu berücksichtigen (§ 10b Abs. 3 Satz 2 EStG.

Der Spender hat dem Verein Angaben darüber zu machen, ob die Spende aus dem Privat- oder Betriebsvermögen stammt und mit welchem Wert die Sachspende aus dem Betriebsvermögen entnommen wurde. In der Zuwendungsbestätigung sind die Grundlagen der Wertermittlung nach dem BMF-Schreiben vom 7.11.2013 (BStBl. I S. 1333) nicht gesondert darzustellen und die erforderlichen Nachweise über die Wertermittlung müssen nicht aufbewahrt werden.

8.11 Zuwendungsempfänger

Zuwendungen dürfen nur abgezogen werden, wenn der Empfänger der Zuwendung

1. eine juristische Person des öffentlichen Rechts oder eine öffentliche Dienststelle, die in einem Mitgliedsstaat der Europäischen Union oder in einem Staat belegen ist, auf den das Abkommen über den Europäischen Wirtschaftsraum (EWR-Abkommen) Anwendung findet,

2. eine nach § 5 Abs. 1 Nr. 9 des Körperschaftsteuergesetzes steuerbefreite Körperschaft, Personenvereinigung oder Vermögensmasse.

Für Zuwendung an Körperschaften, Personenvereinigungen oder Vermögensmassen im Ausland s. § 10b Abs.1 Nr. 3 EStG. Die begünstigten Empfänger ergeben sich aus § 1 Abs. 1 KStG. Darunter fallen in der Praxis insbesondere Vereine und Stiftungen, wobei es steuerlich nicht von Bedeutung ist, ob diese rechtsfähig oder nichtrechtsfähig sind. Aber auch Kapitalgesellschaften können steuerbegünstigt sein und Zuwendungsbestätigungen ausstellen (gGmbH, gAG).

Die empfangende Körperschaft muss wegen Förderung steuerbegünstigter Zwecke von der Körperschaftsteuer befreit sein. Befreit werden kann eine Körperschaft nur, wenn sie gemeinnützige, mildtätige oder kirchliche Zwecke im Sinne der §§ 52 - 54 AO erfüllt.

Ob eine Körperschaft von der Körperschaftsteuer befreit ist und welchen Zweck sie verfolgt, ergibt sich aus dem Feststellungsbescheid gem. § 60a AO, dem Freistellungsbescheid oder dem Körperschaftsteuerbescheid.

- **Feststellungsbescheid nach § 60a AO**
  Ab Inkrafttreten des Ehrenamtsstärkungsgesetzes zum 29.3.2013 werden der satzungsmäßigen Voraussetzungen gesondert festgestellt. Dieser Verwaltungsakt ersetzt die vorläufige Gemeinnützigkeitsbescheinigung und gilt längstens 3 Jahre (§ 63 Abs. 5 Nr. 2 AO).

- **Körperschaftsteuer-Freistellungsbescheid**
  Der Körperschaftsteuer-Freistellungsbescheid wird erteilt, wenn Steuerbegünstigung gegeben ist, kein steuerpflichtiger wirtschaftlicher Geschäftsbetrieb unterhalten wird oder nur ein solcher, der unter der Besteuerungsgrenze des § 64 Abs. 3 AO (35.000 €) oder unter der Freibetragsgrenze des § 24 KStG (5.000 €) liegt. Der Freistellungsbescheid enthält auch Hinweise zur Ausstellung von Zuwendungsbestätigungen, wobei die steuerbegünstigten Zwecke im Einzelnen bezeichnet sind. Der Freistellungsbescheid ist 5 Jahre ab Ausstellungsdatum gültig (§ 63 Abs. 5 Nr. 1 AO).

- **Anlage zum Körperschaftsteuerbescheid**
  Wird ein steuerpflichtiger wirtschaftlicher Geschäftsbetrieb unterhalten, der zu einer Steuerfestsetzung führt, so werden die Angaben zu

Zuwendungsbestätigungen in einer Anlage zum Körperschaftsteuerbescheid aufgenommen.

8.12 Verwendung der Zuwendung für steuerbegünstigte Zwecke

Die Zuwendung darf nur für steuerbegünstigte Zwecke verwendet werden. Sie darf deshalb nur im ideellen Bereich oder in einem Zweckbetrieb verausgabt werden. Eine Verwendung in der Vermögensverwaltung oder im steuerpflichtigen wirtschaftlichen Geschäftsbetrieb wäre gemeinnützigkeitsschädlich und würde zur Haftung führen.

8.13 Zuwendungsbestätigung

8.13.1 Allgemeine Zuwendungsbestätigung

Der Spender muss die Zuwendung dem Finanzamt durch eine ordnungsgemäße Zuwendungsbestätigung nachweisen. Die Zuwendungsbestätigung hat auf einem amtlich vorgeschriebenen Vordruck zu erfolgen (§ 50 Abs. 1 EStDV). Die Bestätigung darf eine DIN A 4 Seite nicht überschreiten.

Im BMF-Schreiben vom 7.11.2013 (BStBl. I S. 1333) hat die Finanzverwaltung zum Ausstellen der Zuwendungsbestätigung nähere Ausführungen gemacht und neue Muster veröffentlicht. Die BMF-Schreiben vom 30.8.2012 (BStBl. I S. 884) wurde aufgehoben.

Es wird seitens der Finanzverwaltung nicht beanstandet, wenn bis zum 31.12.1014 die alten Muster für Zuwendungsbestätigungen verwendet wurden.

Achtung:

Bei den Zuwendungsbestätigungen ist darauf zu achten, dass das in der Bestätigung angegebene Datum des Freistellungsbescheides oder Steuerbescheides nicht länger als 5 Jahre und das Datum des Feststellungsbescheids nach § 60a AO nicht länger als 3 Jahre seit dem Tag der Ausstellung der Zuwendungsbestätigung zurückliegt. Anderenfalls können solche Bestätigungen nicht mehr als ausreichender Nachweis für den steuerlichen Spendenabzug anerkannt werden (§ 63 Abs. 5 AO n. F.).

8.13.2 Vereinfachte Zuwendungsbestätigung § 50 Abs. 2 EStDV

Als Nachweis genügt der Bareinzahlungsbeleg oder die Buchungsbestätigung eines Kreditinstituts, wenn

1. die Zuwendung zur Linderung der Not in Katastrophenfällen innerhalb eines Zeitraums, den die obersten Finanzbehörden der Länder im Benehmen mit dem Bundesministerium der Finanzen bestimmen, auf ein für den Katastrophenfall eingerichtetes Sonderkonto einer inländischen juristischen Person des öffentlichen Rechts, einer inländischen öffentlichen Dienststelle oder eines inländischen amtlich anerkannten Verbandes der freien Wohlfahrtspflege einschließlich seiner Mitgliedsorganisationen eingezahlt worden ist (wobei bis zur Errichtung eines Sonderkontos ab VZ 2011 auch auf ein anderes Konto der o. g. Zahlungsempfänger geleistet werden kann) oder

2. die Zuwendung 200 € nicht übersteigt und

   a) der Empfänger eine inländische juristische Person des öffentlichen Rechts oder eine inländische öffentliche Dienststelle ist oder

   b) der Empfänger eine Körperschaft, Personenvereinigung oder Vermögensmasse im Sinne des § 5 Abs. 1 Nr. 9 des Körperschaftsteuergesetzes ist, wenn der steuerbegünstigte Zweck, für den die Zuwendung verwendet wird, und die Angaben über die Freistellung des Empfängers von der Körperschaftsteuer auf einem von ihm hergestellten Beleg aufgedruckt sind und darauf angegeben ist, ob es sich bei der Zuwendung um eine Spende oder einen Mitgliedsbeitrag handelt oder

c) der Empfänger eine politische Partei im Sinne des § 2 des Parteiengesetzes ist und bei Zuwendungen der Verwendungszweck auf dem vom Empfänger hergestellten Beleg aufgedruckt ist.

Aus der Buchungsbestätigung müssen Name und Kontonummer des Auftraggebers und Empfängers, der Betrag sowie der Buchungstag ersichtlich sein. In den Fällen der Nummer 2b hat der Zuwendende zusätzlich den vom Zuwendungsempfänger hergestellten Beleg vorzulegen; im Fall des Lastschriftverfahrens muss die Buchungsbestätigung Angaben über den steuerbegünstigten Zweck, für den die Spende verwendet wird, und über die Steuerbegünstigung der Körperschaft enthalten.

8.14 Die Verantwortlichkeit des Spendenausstellers

8.14.1 Haftungsrechtliche Konsequenzen

8.14.1.1 Allgemeines

Nach § 10b Abs. 4 EStG, § 9 Abs. 3 KStG und § 9 Nr. 5 GewStG kann der gutgläubige Spender darauf vertrauen, dass eine ihm ausgestellte Zuwendungsbestätigung gültig ist und er deshalb auch den Spendenabzug bei der Einkommensteuer/Körperschaftsteuer und evtl. bei der Gewerbesteuer geltend machen kann. Der gute Glaube des Spenders ist auch dann geschützt, wenn das Finanzamt keine Vertrauensgrundlage in Form eines Freistellungsbescheids geschaffen hat.

Der gute Glaube in die Zuwendungsbestätigung besteht dann aber nicht, wenn der Spender die Bestätigung durch unlautere Mittel oder falsche Angaben erwirkt hat oder ihm die Unrichtigkeit der Bescheinigung bekannt oder infolge grober Fahrlässigkeit nicht bekannt war.

Da der gutgläubige Spender geschützt wird, und das Finanzamt deshalb auch eine unrichtige Zuwendungsbestätigung akzeptieren muss, ist der Steuerausfall von dem zu tragen, der die unrichtige Bescheinigung verursacht hat. Nach § 10b Abs. 4 Satz 2 haftet deshalb für die entgangene Steuer, wer vorsätzlich oder grob fahrlässig eine unrichtige

Bestätigung ausstellt oder veranlasst, dass Zuwendungen nicht zu den in der Bestätigung angegebenen steuerbegünstigten Zwecken verwendet werden.

Die dem Finanzamt entgangene Steuer wird bei der Einkommen- und Körperschaftsteuer pauschal mit 30 % angesetzt. Wurde die Zuwendung aus dem Betriebsvermögen geleistet und bei der Gewerbesteuer als Kürzung geltend gemacht, so erhöht sich der Haftungsbetrag um weitere 15 % der Zuwendung.

Die Haftungsregelung soll nach Ansicht der Finanzverwaltung auch dann zur Anwendung kommen, wenn die Zuwendungsbestätigung tatsächlich nicht zu einem Steuerausfall beim Spender geführt hat.

Eine Haftung tritt aber nach Auffassung des BFH (BFH vom 10.9.2003, BStBl. II 2004, S. 352) jedoch nur dann ein, soweit eine echte Fehlverwendung vorliegt, auch wenn der Körperschaft rückwirkend die Gemeinnützigkeit aberkannt wurde. Nicht betroffen sind deshalb Zuwendungen, die zu vermeintlich steuerbegünstigten Zwecken verwendet wurden.

Der Haftungsbescheid wird in der Regel gegen die Körperschaft erlassen. Es ist aber nicht ermessensfehlerhaft, wenn sich das Finanzamt direkt an den verantwortlichen Funktionär wendet, wenn die Inanspruchnahme der Körperschaft sich wegen zweifelhafter Leistungsfähigkeit schwieriger gestalten könnte (FG Baden-Württemberg Urteil vom 14.7.1998, DStRE 1999 S. 295).

Durch das JStG 2009 wurde bei der Veranlasserhaftung die Reihenfolge der Inanspruchnahme nun gesetzlich festgelegt. Zunächst ist immer der Verein in Haftung zu nehmen, erst wenn Vollstreckungsmaßnahmen erfolglos waren, kann die handelnde Person (Vorstand, Kassier, Abteilungsleiter) in Anspruch genommen werden.

Bei der Haftungsregelung sind zwei Fallgruppen zu unterscheiden:

8.14.1.2 Die Ausstellerhaftung

Als Aussteller haftet, wer eine unrichtige Zuwendungsbestätigung ausstellt. Folgende Fallkonstellationen sind denkbar:

- Die Körperschaft ist nicht wegen Verfolgung steuerbegünstigter Zwecke steuerbegünstigt.
- Es wird eine zu hohe Zuwendung bestätigt.

- Es wird eine Sachzuwendung als Barzuwendung bestätigt.
- Mitgliedsbeiträge werden unzulässigerweise als Spende bestätigt.
- Es werden Spendenbestätigungen für Leistungen ausgestellt.

8.14.1.3 Die Veranlasserhaftung

Wer bewirkt, dass die Spende nicht zu den in der Zuwendungsbestätigung genannten steuerbegünstigten Zwecken verwendet wird, haftet ebenfalls für den Steuerausfall. Die Veranlasserhaftung setzte nur eine objektive zweckfremde Verwendung der Zuwendung voraus. Ein Verschulden des Veranlassers war bis 31.12.2012 nicht erforderlich. Durch das Gesetz zur Stärkung des Ehrenamtes wird ab 1.1.2013 auch bei der Veranlasserhaftung nur noch für grobe Fahrlässigkeit und Vorsatz gehaftet (§ 10b Abs. 4 Satz 2 EStG, § 9 Abs. 3 Satz 2 KStG, § 9 Nummer 5 Satz 13 GewStG).

Da Spenden nur für den ideellen Vereinsbereich und die Zweckbetriebe verwendet werden dürfen, liegt regelmäßig der Haftungstatbestand vor, wenn die Spenden für die Vermögensverwaltung oder den steuerpflichtigen wirtschaftlichen Geschäftsbetrieb verausgabt werden. Außerdem liegt ein Verstoß gegen das Gebot der Selbstlosigkeit und der Ausschließlichkeit vor, die zur Aberkennung der Gemeinnützigkeit führen können.

Beispiele

- Eine Spende wird für die Renovierung oder Ausstattung der Vereinsgaststätte verwendet.
- Spenden werden für die Finanzierung der bezahlten Fußballmannschaft im steuerpflichtigen wirtschaftlichen Geschäftsbetrieb verwendet. Zulässig wäre allerdings die Verwendung von zweckgerichteten Spenden von Sponsoren zur Finanzierung dieser Mannschaft, wenn die Sponsoren keine Zuwendungsbestätigung erhalten.

8.14.2 Strafrechtliche Konsequenzen

Wer falsche Zuwendungsbestätigungen ausstellt oder die Zuwendung zweckfremd verwendet, haftet nicht nur für die entgangene Steuer, sondern kann auch wegen Steuerhinterziehung bestraft werden.

Nach § 370 AO wird mit Freiheitsstrafe bis zu 5 Jahren oder mit Geldstrafe bestraft, wer

1. den Finanzbehörden oder anderen Behörden über steuerlich erhebliche Tatsachen unrichtige Angaben macht oder

2. die Finanzbehörden pflichtwidrig über steuerlich erheblich Tatsachen in Unkenntnis lässt

und dadurch Steuern verkürzt.

Da § 370 AO kein eigenhändiges Delikt ist, kann jeder Täter einer Steuerhinterziehung sein, nicht nur der Steuerschuldner.

Steuerhinterziehung kann jedoch nur vorsätzlich begangen werden. Hat der Aussteller oder der Verwender nur leichtfertig gehandelt, kommt nur eine Ordnungswidrigkeit nach § 378 AO in Betracht.

8.14.3 Gemeinnützigkeitsrechtliche Konsequenzen

Missbräuche im Zusammenhang mit der Ausstellung von Zuwendungsbestätigungen können zum Verlust der Steuerbefreiung führen. Die Steuerbefreiung kann bis zu 10 Jahren rückwirkend aberkannt werden. Dies hat für die Körperschaft in der Regel existenzbedrohende Konsequenzen. Die Steuerbegünstigung für die Ertragsteuern entfällt und bei der Umsatzsteuer ist der ermäßigte Steuersatz gem. § 12 Abs. 2 Nr. 8a und b UStG nicht mehr anzuwenden.

9 Fallstudie Ertragsteuern (VZ 2014)

Ein wegen Förderung der Jugendpflege von der Körperschaftsteuer befreiter Verein erzielt im Jahr 2014 folgende Einnahmen und tätigte folgende Ausgaben:

1. Teilnahme mit einem Stand am Stadtfest
   Einnahmen: 20.000,00 € Ausgaben: 9.500,00 €
2. Nachzahlung von Umsatzsteuer für Stadtfest 2013: 1.500,00 €
3. Einnahmen aus Mitgliedsbeiträgen: 1.500,00 €
4. Einnahmen aus einer Altmaterialsammlung (Papier): 1.190,00 €
5. Zuschuss des Landkreises für Altmaterialsammlung: 5.950,00 €
6. Ausgaben für Altmaterialsammlung: 1.000,00 €
7. Guthabenzinsen für Sparbuch: 500,00 €
8. Einnahmen aus einer genehmigten Tombola anlässlich des Stadtfestes: 10.500,00 €
9. Ausgaben für Preise der Tombola: 1.500,00 €
10. Spenden für Tombola: 3.500,00 €
11. Ausgaben für Vortrag über Gefahren des Rauschgiftkonsums: 900,00 €
12. Einnahmen aus der Cafeteria im Jugendhaus: 10.500,00 €
13. Ausgaben für Bewirtung Jugendhaus: 6.000,00 €
14. Verkauf von gespendeten Adventsgestecken beim Weihnachtsbasar: 1.500,00 €
15. Kosten eines 14-tägigen Zeltlagers für Jugendliche: 3.500,00 € (keine Einnahmen)

Lösung:

	Ideeller Bereich	Vermögens-verwaltung	Zweck-betriebe	Stpfl. wirtschaftl. Geschäftsbetrieb Einnahmen	Stpfl. wirtschaftl. Geschäftsbetrieb Ausgaben
1. Teilnahme mit einem Stand am Stadtfest				**20.000**	**9.500**
2. Nachzahlung von Umsatzsteuer für Stadtfest 2013					**1.500**
3. Einnahmen aus Mitgliedsbeiträgen	**1.500**				
4. Einnahmen aus einer Altmaterial-sammlung				**1.190**	
5. Zuschuss des Landkreises für Altmaterialsammlung				**5.950**	
6. Ausgaben für Altmaterialsammlung					**1.000**
7. Guthabenzinsen für Sparbuch		**500**			
8. Einnahmen aus einer genehmigten Tombola anlässlich des Stadtfestes			**10.500**		
9. Ausgaben für Preise der Tombola			**- 1.500**		
10. Spenden für Tombola	**3.500**				
11. Ausgaben für Vortrag über Gefahren des Rauschgiftkonsums	**- 900**				
12. Einnahmen aus der Cafeteria im Jugendhaus				**10.500**	
13. Ausgaben für Bewirtung Jugendhaus					**6.000**
14. Verkauf von gespendeten Adventsgestecken beim Weihnachtsbasar				**1.500**	
15. Kosten eines 14-tägigen Zeltlagers für Jugendliche	**- 3.500**				
Summe:	**600**	**500**	**9.000**	**39.140**	**18.000**

1) Ideeller Bereich:	steuerfrei
2) Vermögensverwaltung:	steuerfrei
3) Tombola:	steuerfrei
4) steuerpflichtiger wirtschaftl. Geschäftsbetrieb:	
Einnahmen:	38.500 €

⇒ 35.000 €-Freigrenze überschritten

⇒ Überschussermittlung

Einnahmen ohne Altmaterialsammlung:	32.000,00 €
Ausgaben ohne Altmaterialsammlung:	17.000,00 €
vorläufiger Überschuss	15.000,00 €
+ Überschuss Altmaterialsammlung	
1.190 € + 5.950 € = 7.140 € x 100/119 =	
6.000 € x 5 % (Papier) =	+ 300,00 €
Überschuss = Einkommen	15.300,00 €
./. Freibetrag	5.000,00 €
zu versteuerndes Einkommen*:	10.300,00 €

Körperschaftsteuer: 10.300 € x 15 % = **1.545,00 €**

Solidaritätszuschlag: 1.545,00 x 5,5 % = **84,97 €**

Gewerbesteuer:

Gewinn aus Gewerbebetrieb	15.300,00 €
Abrundung	15.300,00 €
./. Freibetrag	- 5.000,00 €
	10.300,00 €
10.300 € x 3,5 % x 350 % Hebesatz =	**1.261,00 €**

Gesamte Ertragsteuerbelastung **2.890,97 €**

* Die Umsatzsteuerzahllast ist noch nicht als Betriebsausgabe berücksichtigt.

10 Fallstudie Umsatzsteuer (VZ 2014)

Ein steuerbegünstigter Sportverein hatte im VZ 2014 folgende Einnahmen und Ausgaben:

	Einnahmen in € brutto	Steuersatz
Mitgliedsbeiträge und Aufnahmegebühren	8.000.-	nicht
Spenden	4.000.-	steuerbar
Zuschüsse für Sportstättenbau vom Landessportbund	30.000.-	"
Zinsen aus Bankguthaben	800.-	- 0 - § 4Nr. 8d
Mieteinnahmen Pächterwohnung	6.000.-	- 0 - § 4 Nr. 12a
Pachteinnahmen Vereinsgaststätte (Option nach § 9 UStG erklärt)	14.000.-	7 %
Tombolaerlöse aus Losverkauf	7.500.-	7 %
Eintrittsgelder Sportveranstaltungen	4.500.-	7 %
Teilnehmergebühren Volkslauf	3.000.-	- 0 - § 4 Nr. 22b
Einnahmen aus Tennisunterricht an Nichtmitglieder	1.500.-	- 0 - § 4 Nr. 22a
Einnahmen aus Festveranstaltungen	30.000.-	19 %
Einnahmen aus Trikotwerbung	10.500.-	19 %
Einnahmen aus Altmaterialsammlungen	1.000.-	19 %
Zuschuss des LRA für Altmaterialsammlung	1.000.-	19 %

Vorsteuer:	**Betrag**	**abzugsfähig**
Kauf neuer Fußbälle für die Jugendabteilung	450.-	- 0 -
Reparatur Pächterwohnung	600.-	- 0 -
Einkauf Tombola	350.-	350.-
Kauf von Rasenpflegegerät (auf entgeltliche Sportveranstaltungen entfallen 50 % der Nutzung des Sportplatzes)	950.-	475.-
Kauf von Medaillen für Volkslauf	250.-	- 0 -
Wareneinkauf für Festveranstaltung	1.900.-	1.900.-
Kauf neuer Möblierung der Vereinsgaststätte	3.600.-	3.600.-

Berechnung der Zahllast:

Umsatzsteuer 19 %	
42.500 x 100/119 = 35.714 x 19 %	6.785,66 €
Umsatzsteuer 7 %	
26.000 x 100/107 = 24.299 x 7 %	1.700,93 €
	8.486,59 €
abziehbare Vorsteuer	- 6.325,00 €
Zahllast	**2.161,59 €**

11 Neuregelungen durch das Gesetz zur Stärkung des Ehrenamtes

1. Inkrafttreten zum 1.1.2013

- Erhöhung der Übungsleiterpauschale von 2.100 € auf 2.400 € (§ 3 Nr. 26 EStG).
- Erhöhung der Ehrenamtspauschale von 500 € auf 720 € (§ 3 Nr. 26a EStG).
- Die neuen Freibeträge sind auch weiterhin von der Sozialversicherungspflicht befreit und werden nicht auf das Arbeitslosengeld II oder auf das Sozialgeld angerechnet.
- Der Nachweis der wirtschaftlichen Hilfsbedürftigkeit bei mildtätigen Körperschaften wird wesentlich erleichtert (§ 53 Nr. 2 Sätze 5 und 6 AO).
- Die Mittel der steuerbegünstigten Körperschaft müssen nicht mehr in dem auf den Zufluss folgenden Kalender- oder Wirtschaftjahr verwendet werden, sondern in den folgenden zwei Kalender- oder Wirtschaftsjahren (§ 55 Abs. 1 Nr. 5 Satz 3 AO). Ausnahmen von diesem Grundsatz sind in § 62 AO n. F. (Rücklagen- und Vermögensbildung) geregelt.
- Spenden in den Vermögensstock einer steuerbegünstigten Stiftung können bei zusammen veranlagten Ehegatten nun in Höhe von 2.000.000 € zusätzlich zur Spendenregelung in § 10b Abs. 1 EStG abgezogen und wie bisher auf 10 Jahre beliebig verteilt werden. Welcher Ehegatte die Mittel aufbringt, ist unbeachtlich (§ 10b Abs. 1a Satz 1 EStG).
- § 10b Abs. 1a Satz 2 EStG stellt klar, dass die Zuwendungen in eine Verbrauchsstiftung nicht erhöht absetzbar sind (so auch § 9 Nr. 5 Satz 10 GewStG).
- Bei einer Sachspende aus dem Betriebsvermögen kann auch die bei der Entnahme anfallende Umsatzsteuer als Spende bescheinigt werden (§ 10b Abs. 3 Satz 2 EStG).
- Bei der Veranlasserhaftung wird nur noch für grobe Fahrlässigkeit und Vorsatz gehaftet (§ 10b Abs. 4 Satz 2 EStG, § 9 Abs. 3 Satz 2 KStG, § 9 Nummer 5 Satz 13 GewStG).

- Die Zweckbetriebsgrenze bei sportlichen Veranstaltungen in § 67a Abs. 1 Satz 1 AO wird von 35.000 € auf 45.000 € erhöht.

2. Inkrafttreten am 29.3.2013

- Die Einhaltung der satzungsmäßigen Voraussetzungen werden nun gesondert festgestellt (§ 60a AO). Bisher wurde nur eine vorläufige Gemeinnützigkeitsbescheinigung erteilt, die nicht als Verwaltungsakt zu qualifizieren war. Der Feststellungsbescheid wird auf Antrag der Körperschaft oder von Amts wegen, wenn eine Körperschaftsteuerveranlagung durchzuführen ist, erlassen.
- Hat die Körperschaft ohne Vorliegen der Voraussetzungen für die Rücklagenbildung Mittel angesammelt, kann das Finanzamt ihr eine angemessene Frist für die Verwendung der Mittel setzen (§ 63 Abs. 4 AO). Da die Zweijahresfrist des Gesetzentwurfes der Bundesregierung nicht übernommen wurde, ist von einer Frist von mindestens 3 Jahren auszugehen.
- § 63 Abs. 5 AO übernimmt die bisherige Verwaltungsauffassung ins Gesetz, dass Zuwendungsbestätigungen nur ausgestellt werden dürfen, wenn das Datum des Freistellungsbescheides oder der Anlage zum Körperschaftsteuerbescheid nicht länger als fünf Jahre zurückliegt. Bei der Feststellung der Satzungsmäßigkeit nach § 60a AO beträgt die Frist drei Jahre.
- In § 31a BGB wird die Haftungsbeschränkung der Organmitglieder gegenüber dem Verein oder den Vereinsmitgliedern nun auch auf besondere Vertreter ausgedehnt. Ist streitig, ob ein Organmitglied oder ein besonderer Vertreter den Schaden vorsätzlich oder grob fahrlässig verursacht hat, trägt der Verein oder das Vereinsmitglied die Beweislast. Ebenso werden die besonderen Vertreter in die Regelung des § 31a Abs. 2 BGB aufgenommen.
- Die Haftungsbeschränkung des § 31a BGB wird in der Neuregelung auf die Tätigkeit aller Vereinsmitglieder ausgedehnt (§ 31b BGB). Voraussetzung ist wie bei § 31a BGB, dass sie für ihre Tätigkeit für den Verein keine höhere Vergütung als die Ehrenamtspauschale erhalten.
- In § 80 Abs. 2 BGB wird nun die Verbrauchsstiftung gesetzlich anerkannt. Sie muss mindestens zehn Jahre bestehen.

- Aufgrund der Rechtsprechung von Oberlandesgerichten wurde die Eintragung der Abkürzung gGmbH in das Handelregister abgelehnt. Die Ergänzung in § 4 GmbHG stellt nun klar, dass die Abkürzung gGmbH bei steuerbegünstigten GmbHs zulässig ist.

3. Inkrafttreten zum 1.1.2014

- Eine steuerbegünstigte Körperschaft kann die gesamten Überschüsse aus der Vermögensverwaltung, Zweckbetrieben und steuerpflichtigen wirtschaftlichen Geschäftsbetrieben und darüber hinaus noch 15 % der sonstigen zeitnah zu verwendeten Mitteln einer anderen steuerbegünstigten Körperschaft oder einer juristischen Person des öffentlichen Rechts zur Vermögenssaustattung zuwenden. Voraussetzung ist, dass dieselben steuerbegünstigten Zwecke bei beiden Körperschaften verwirklicht und die Mittel und Erträge von der empfangenden Körperschaft nicht weitergegeben werden.
- Die Vorschriften über die Rücklagenbildung als Ausnahme von der zeitnahen Mittelverwendung in § 58 Nr. 6, 7, 11 und 12 AO werden in § 62 AO übernommen. Die Änderungen sind teilweise nur redaktioneller Art. In § 62 Abs. 1 Nr. 2 AO wird die von der Finanzverwaltung bisher schon anerkannte Rücklage für Wiederbeschaffung gesetzlich normiert.

4. Inkrafttreten zum 1.1.2015

- In § 27 Abs. 3 BGB wird die bisherige Rechtsmeinung des Bundesfinanzministerium kodifiziert, dass die Mitglieder des Vorstandes grundsätzlich unentgeltlich tätig sind. Sollen Vergütungen an die Vorstandsmitglieder bezahlt werden, auch wenn es sich nur um die Ehrenamtspauschale handelt, muss dies in der Satzung der Körperschaft ausdrücklich zugelassen werden. Wurde bisher schon bei steuerbegünstigten Körperschaften bei Fehlen einer solchen Regelung ein Verstoß gegen den Mittelbindungsgrundsatz (§ 55 Nr. 1 AO) angenommen, gilt die Neuregelung nun auch für nicht steuerbegünstigte Vereine und Stiftungen. Um den Vereinen genügend Zeit für eine Satzungsänderung zu geben, tritt die Neuregelung erst zum 1.1.2015 in Kraft.

Literaturhinweise

Werner, Jürgen, Die Stiftung, Internetvortrag, DWS-Steuerberater-online GmbH Berlin (www.dws-steuerberater-online.de).

Werner, Jürgen, Die gemeinnützige GmbH, Internetvortrag, DWS-Steuerberater-online GmbH Berlin (www.dws-steuerberater-online.de).

Werner, Jürgen, Übungsleiter- und Ehrenamtspauschale, DWS-Merkblatt Nr. 1675

Werner, Jürgen, Sponsoring – steuerlich optimal gestalten, DWS-Merkblatt Nr. 1611.

Werner, Jürgen, Pflichten und Risiken des Vereinsvorstandes, Kommentierte Checkliste Nr. 1012.

Werner, Jürgen, Neue Regelungen für Ehrenamtliche und Vereine, DWS-Flyer Nr. 150